20世纪50年代全国部分城市数学竞赛试题汇编

刘培杰数学工作室 编

哈尔滨工业大学出版社
HARBIN INSTITUTE OF TECHNOLOGY PRESS

内容简介

本书共分 11 章,汇集了 20 世纪 50 年代全国部分城市数学竞赛的试题,注重引导学生迅速发现解题入口,使读者"知其然,又知其所以然"。

本书适合于初高中学生、教师以及广大数学爱好者阅读参考。

图书在版编目(CIP)数据

20 世纪 50 年代全国部分城市数学竞赛试题汇编/刘培杰数学工作室编.—哈尔滨:哈尔滨工业大学出版社,2018.1

ISBN 978 – 7 – 5603 – 6775 – 0

Ⅰ.①2… Ⅱ.①数… Ⅲ.①中学数学课 – 教学参考资料 Ⅳ.①G634.603

中国版本图书馆 CIP 数据核字(2017)第 174107 号

策划编辑	刘培杰 张永芹
责任编辑	曹 杨
封面设计	孙茵艾
出版发行	哈尔滨工业大学出版社
社　　址	哈尔滨市南岗区复华四道街 10 号　邮编 150006
传　　真	0451 – 86414749
网　　址	http://hitpress.hit.edu.cn
印　　刷	哈尔滨市工大节能印刷厂
开　　本	787mm×960mm　1/16　印张 9.25　字数 74 千字
版　　次	2018 年 1 月第 1 版　2018 年 1 月第 1 次印刷
书　　号	ISBN 978 – 7 – 5603 – 6775 – 0
定　　价	28.00 元

(如因印装质量问题影响阅读,我社负责调换)

目录

第1章 1956年上海市数学竞赛试题及解答 //1

复赛试题 //1

决赛试题 //8

第2章 1956年北京市数学竞赛试题及解答 //15

第一试试题和解答 //15

第二试试题和解答 //19

第3章 1956年武汉市数学竞赛试题及解答 //27

第4章 1957年天津市数学竞赛试题及解答 //31

初赛试题 //31

复赛试题 //33

第5章 1957年武汉市数学竞赛试题及解答 //37

初赛试题 //37

决赛试题 //40

第6章 1957年南京市数学竞赛试题及解答 //43
  初赛试题 //43
  复赛试题 //44

第7章 1957年上海市数学竞赛试题及解答 //48
  复赛:(一)高中二年级部分 //48
      (二)高中三年级部分 //53
  决赛:(一)高中二年级部分 //58
      (二)高中三年级部分 //67

第8章 1957年北京市数学竞赛试题及解答 //72
  高中二年级试题 //72
  高中三年级第一试试题 //78
  高中三年级第二试试题 //79

第9章 1958年上海市数学竞赛试题及提示 //90

第10章 1958年武汉市数学竞赛试题及解答 //96
  初赛试题 //96
  决赛试题 //106

第11章 1959年上海市数学竞赛试题 //111
  复赛:(一)初中毕业班 //111
      (二)高中一年级 //112
      (三)高中毕业班 //114
  决赛:(一)初中毕业班 //115
      (二)高中一年级 //117
      (三)高中毕业班 //119

编辑手记 //122

1956年上海市数学竞赛试题及解答

复赛试题

1. (a) 设 n 为正整数,证明: $13^{2n}-1$ 是 168 的倍数.

(b) 问:具有哪种性质的自然数 n,能使 $1+2+\cdots+n$ 整除 $1\cdot 2\cdot 3\cdot 4\cdots\cdot n$?

解 (a) 因为 a^n-1 能被 $a-1$ 整除,又因为 $13^{2n}-1=(13^2)^n-1$,$13^2-1=168$,而 $(13^2)^n-1$ 能被 13^2-1 整除,所以 $13^{2n}-1$ 能被 168 整除.

所以 $13^{2n}-1$ 是 168 的倍数.

(b) 由等差数列求和公式得 $1+2+3+\cdots+n=\dfrac{n(1+n)}{2}$,而 $1\cdot 2\cdot 3\cdot 4\cdots\cdot n=n!$.

$\dfrac{n!}{\dfrac{n}{2}(1+n)}$ 是否为整数,可以分以下几种情况讨论:

(1) 当 n 是奇数,即 $n=2k+1$ 时(k 为正整数),有

$$\dfrac{n!}{\dfrac{n}{2}(1+n)}=\dfrac{(n-1)!}{\dfrac{1+n}{2}}=\dfrac{(2k)!}{k+1}$$

所以 $2k \geqslant k+1$. 故 $k+1$ 必可整除 $(2k)!$. 如 $k=0$,即 $n=1$,只要假定 $0!=1$,亦不例外.

(2) 当 n 是偶数,即 $n=2k$ 时(k 为正整数),分两种情况讨论:

① 当 $n=2k,1+n=2k+1$,而 $2k+1$ 为合数时.

设 $2k+1=a \cdot b, a \neq b$,则 a,b 必为奇数,均不大于 $\dfrac{2k+1}{3}$.

所以

$$\dfrac{n!}{\dfrac{n}{2}(1+n)}$$

$$=\dfrac{2(n-1)!}{1+n}=\dfrac{2(2k-1)!}{2k+1}=\dfrac{2(2k-1)!}{a \cdot b}$$

$$=\dfrac{2[1 \cdot 2 \cdot 3 \cdot 4 \cdots (2k-4) \cdot (2k-3) \cdot (2k-2) \cdot (2k-1)]}{a \cdot b}$$

$$=2\left[\dfrac{1 \cdot 3 \cdot 5 \cdots (2k-3) \cdot (2k-1)}{a}\right] \cdot$$

$$2\left[\dfrac{1 \cdot 2 \cdot 3 \cdots (k-2) \cdot (k-1)}{b}\right]$$

但 $2k-1 \geqslant \dfrac{2k+1}{3}, k-1 \geqslant \dfrac{2k+1}{3}(k \geqslant 4)$.

第1章 1956年上海市数学竞赛试题及解答

$k<4$ 就不适合所设的条件. 在 $1 \cdot 3 \cdot 5 \cdot \cdots \cdot (2k-3) \cdot (2k-1)$ 中, 必能找到一个与 a 相同的奇数. 同理, 在 $1 \cdot 2 \cdot 3 \cdot \cdots \cdot (k-2) \cdot (k-1)$ 中, 也能找到一个与 b 相同的奇数. 故在原式中, $\dfrac{2(2k-1)!}{a \cdot b}$ 必为整数.

同理, 当 $a=b$ 或 a,b 可再分解时, 所得的结论一样.

② 当 $n=2k$, $1+n=2k+1$, 而 $2k+1$ 为质数时.

因为 $n+1$ 大于 $(n-1)!$ 中每一个数, 所以 $2(n-1)!$ 不可能被 $1+n$ 整除.

所以本题结论: n 为一个自然数, 当 $n+1$ 不是质数时 (2除外), $1+2+3+\cdots+n$ 能整除 $1 \cdot 2 \cdot 3 \cdot \cdots \cdot n$.

2. 解不等式 $10^{2\lg x}+4x-\log_2 32>0$.

解 因为
$$10^{2\lg x}=10^{\lg x^2}=x^2$$
及
$$\log_2 32=5$$
所以
$$x^2+4x-5>0$$
得
$$x>1 \text{ 或 } x<-5$$

因为 $x<-5$ 时, $\lg x$ 无意义, 所以本题的解为 $x>1$.

3. 两块水田之间有一条曲折的水沟(如图 1.1), 今要把水沟的两岸变成直线而每块水田的面积不变.

3

（a）如A,A'两点不变，则水沟应如何配置？

（b）如点A不变，而要求水沟两岸平行，则水沟又应如何配置？各说明其方法.

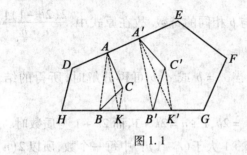

图 1.1

解 （a）的要求是把多边形变成与原边数少 2 条的等积多边形，且A,A'两点不变. 作法：联结AB，作$CK/\!/AB$，联结AK，仿此作出$A'K'$.

（b）的要求可从（a）所得的四边形$AA'K'K$变成一等积的梯形$AKNM$，使$MN/\!/AK$.

分析 令MN为所求作的线.

（1）如DA'不平行于HK'，则延长$A'D$及$K'H$相交于点T，作$A'R/\!/AK$，如图 1.2 所示，$\triangle TA'R \backsim \triangle TMN$，所以

$$S_{\triangle TA'R}:S_{\triangle TMN} = TR^2:TN^2$$

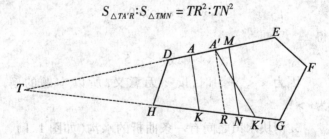

图 1.2

第1章 1956年上海市数学竞赛试题及解答

但
$$S_{\triangle TMN} = S_{\triangle TA'K'}$$
所以
$$S_{\triangle TA'R} : S_{\triangle TA'K'} = TR^2 : TN^2$$

又若 $\triangle TA'R$ 与 $\triangle TA'K'$ 分别以 TR 与 TK' 为底时,两三角形的高相等,所以
$$S_{\triangle TA'R} : S_{\triangle TA'K'} = TR : TK'$$
因此得
$$TR^2 : TN^2 = TR : TK'$$
所以
$$TN = \sqrt{TR \cdot TK'}$$

作法 延长 $A'D$ 与 $K'H$ 相交于点 T,作 $A'R /\!/ AK$,交 TK' 于点 R,作 TR 及 TK' 的比例中项,并在 TK' 上截 TN 等于这个比例中项,作 $NM /\!/ RA'$,则 NM 即为所求水沟的一边.

(2) 如 $DA' /\!/ HK'$,则只需求 $A'K'$ 的中点 L,过点 L 作 AK 的平行线 MN,如图 1.3,则
$$\triangle LMA' \cong \triangle LNK'$$
所以 MN 即为所求水沟的一边.

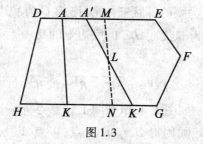

图 1.3

4. 设有六位数 $1abcde$ 乘以 3 后,变为 $abcde1$,求这

个六位数.

解 令五位数 $abcde$ 为 x，则
$$1abcde = 100\,000 + x, abcde1 = 10x + 1$$

得方程
$$3(100\,000 + x) = 10x + 1$$

所以
$$x = 42\,857$$

所以这个六位数为 142 857.

5. 作一圆周,要求只用圆规(不许用直尺),把这个圆周四等分.

解 令圆心为 O，半径为 R，在圆周上任取一点 A 为圆心,以 R 为半径连续作弧可以得点 B,C,D 等. 因为 AC 是圆内接等边三角形的一边,而 AD 是直径,所以
$$AB = R, AC = \sqrt{3}R, AD = 2R$$

本题的关键是求得 $\sqrt{2}R$ 的长,如果分别以 $\sqrt{3}R$ 和 R 作为直角三角形的斜边及一直角边,则本题即可解.

但因不能作出直角,所以需要改变想法,作以 $2R$ 为底,$\sqrt{3}R$ 为腰的等腰三角形. 已知 O 为底边 AD 的中点,则 EO 为等腰 $\triangle ADE$ 的底边上的高.

所以
$$EO = \sqrt{3R^2 - R^2} = \sqrt{2}R$$

作法 如图 1.4,取圆周上任意点 A 为圆心,R 为半径连续截圆周得 B,C,D 三点,以点 A 及点 D 分别为圆心,以 AC 长($\sqrt{3}R$)为半径作两弧相交于点 E,以

点 A 为圆心,EO 为半径作圆弧交圆周于点 M 及 N,则点 A,M,D,N 把圆周四等分.

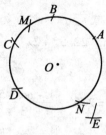

图 1.4

6. 空中有一气球为点 D,如图 1.5,在它的正西方点 A,测得它的仰角为 $45°$,同时在它的正南偏东 $45°$ 的点 B,测得它的仰角为 $67°30'$,A,B 两点间的距离为 266 公尺(1 公尺 = 1 米),这两点均离地 1 公尺,与点 A,B 共面上存在一点 Q,作 DQ 垂直于该平面于点 Q. 问当测量时,这个气球离地多少公尺?

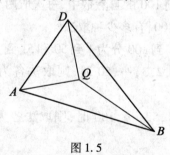

图 1.5

解 由已知得 $\angle AQB = 135°$,令 $DQ = x$,因 $\angle DAQ = 45°$,则

$$AQ = x$$

又 $BQ = x\cot 67°30' = x\tan 22.5°$.

7

在△ABQ中根据余弦定理得
$$AB^2 = AQ^2 + BQ^2 - 2AQ \cdot BQ \cdot \cos 135°$$

即
$$266^2 = x^2 + x^2 \tan^2 22.5° + 2x^2 \cdot \tan 22.5° \cdot \frac{\sqrt{2}}{2}$$

解得
$$x^2 = 266^2 \cdot \frac{1 + \cos 45°}{3}$$

即
$$x = 266\sqrt{\frac{2 + \sqrt{2}}{6}} \approx 201(公尺)$$

因 A,B 两点离地 1 公尺,故 $201 + 1 = 202$ (公尺).

答:气球离地约 202 公尺.

决 赛 试 题

1. 从 1 到 100 的自然数中,每次取两个数,要使它们的和大于 100,有多少种取法?

解 把 1 到 100 分为 1 到 50 和 51 到 100 两部分.

当 $n = 1, 2, 3, \cdots, 50$ 时,则取法各为 $1, 2, 3, \cdots, 50$ 种.

当 $n = 51, 52, \cdots, 100$ 时,则取法各为 $50, 51, \cdots, 99$ 种.

但两种取法是重复的,所以必须除以 2.

共有取法
$$\frac{1}{2}[(1 + 2 + 3 + \cdots + 50) + (50 + 51 + 52 + \cdots + 99)]$$
$$= 2\,500(种)$$

第1章 1956年上海市数学竞赛试题及解答

2.(1) 设 $a_1, a_2, a_3, \cdots, a_{n+1}$ 成等差数列,求证

$$\frac{1}{\sqrt{a_1}+\sqrt{a_2}} + \frac{1}{\sqrt{a_2}+\sqrt{a_3}} + \frac{1}{\sqrt{a_4}+\sqrt{a_5}} + \cdots +$$

$$\frac{1}{\sqrt{a_n}+\sqrt{a_{n+1}}} = \frac{n}{\sqrt{a_1}+\sqrt{a_{n+1}}}$$

(2) 设 $a_1, a_2, a_3, \cdots, a_{n+1}$ 成等比数列,求证

$$\sqrt{a_1 a_2} + \sqrt{a_2 a_3} + \cdots + \sqrt{a_n a_{n+1}}$$

$$= \frac{\sqrt[2n]{a_1 a_{n+1}}}{\sqrt[n]{a_1} - \sqrt[n]{a_{n+1}}}(a_1 - a_{n+1})$$

证明 (1) 令公差为 d,则 $a_1 - a_2 = -d, a_2 - a_3 = -d, \cdots, a_n - a_{n+1} = -d$,将以上式子两边各相加得 $a_1 - a_{n+1} = -nd$. 所以

$$-d = \frac{a_1 - a_{n+1}}{n}$$

$$\frac{1}{\sqrt{a_1}+\sqrt{a_2}} + \frac{1}{\sqrt{a_2}+\sqrt{a_3}} + \cdots + \frac{1}{\sqrt{a_n}+\sqrt{a_{n+1}}}$$

$$= \frac{\sqrt{a_1}-\sqrt{a_2}}{a_1 - a_2} + \frac{\sqrt{a_2}-\sqrt{a_3}}{a_2 - a_3} + \cdots + \frac{\sqrt{a_n}-\sqrt{a_{n+1}}}{a_n - a_{n+1}}$$

$$= \frac{\sqrt{a_1}-\sqrt{a_{n+1}}}{-d} = \frac{\sqrt{a_1}-\sqrt{a_{n+1}}}{\frac{a_1 - a_{n+1}}{n}} = \frac{n}{\sqrt{a_1}+\sqrt{a_{n+1}}}$$

(2) 令公比为 q,则

$$\frac{a_2}{a_1} = q, \frac{a_3}{a_2} = q, \cdots, \frac{a_{n+1}}{a_n} = q$$

将以上式子两边各相乘得

$$\frac{a_{n+1}}{a_1} = q^n$$

所以
$$q = \sqrt[n]{\frac{a_{n+1}}{a_1}}$$

$$\sqrt{a_1 a_2} + \sqrt{a_2 a_3} + \cdots + \sqrt{a_n a_{n+1}}$$
$$= \sqrt{a_1^2 q} + \sqrt{a_2^2 q} + \cdots + \sqrt{a_n^2 q}$$
$$= (a_1 + a_2 + \cdots + a_n)\sqrt{q}$$
$$= \frac{a_1(1-q^n)}{1-q} \sqrt[2n]{\frac{a_{n+1}}{a_1}} = \frac{a_1\left(1 - \dfrac{a_{n+1}}{a_1}\right)}{1 - \sqrt[n]{\dfrac{a_{n+1}}{a_1}}} \sqrt[2n]{\frac{a_{n+1}}{a_1}}$$
$$= \frac{(a_1 - a_{n+1})}{\sqrt[n]{a_1} - \sqrt[n]{a_{n+1}}} \sqrt[2n]{\frac{a_{n+1}}{a_1}}$$
$$= \frac{\sqrt[2n]{a_1 a_{n+1}}}{\sqrt[n]{a_1} - \sqrt[n]{a_{n+1}}}(a_1 - a_{n+1})$$

3. 设多项式 $f(x) = a_0 x^n + a_1 x^{n-1} + a_2 x^{n-2} + \cdots + a_{n-1} x + a_n$ 的系数都是整数, 并且有一个奇数 α 及一个偶数 β, 使得 $f(\alpha)$ 及 $f(\beta)$ 都是奇数, 求证: 方程 $f(x) = 0$ 没有整数根.

证明 (1) 因为 β 是偶数, 所以
$$f(\beta) = a_0 \beta^n + a_1 \beta^{n-1} + \cdots + a_{n-1} \beta + a_n$$
$$= \beta(a_0 \beta^{n-1} + a_1 \beta^{n-2} + \cdots + a_{n-1}) + a_n$$

由于 $a_0, a_1, a_2, \cdots$ 都是整数, β 为偶数, 故知第一个加数必为偶数, 但 $f(\beta)$ 是奇数, 故 a_n 一定是奇数.

若 β' 为一偶数, 则 $f(\beta') = $ 偶数 $+ a_n = $ 偶数 $+$ 奇数 $\neq 0$, 所以方程 $f(x) = 0$ 绝无偶数根.

(2) 因 α 是奇数,则 α^k(k 为正整数)也是奇数,而 $a_k\alpha^k$ 是奇数或是偶数,完全由 a_k 是奇数或偶数决定,则

$$f(\alpha) = a_0\alpha^n + a_1\alpha^{n-1} + \cdots + a_{n-1}\alpha + a_n$$
$$= (a_0\alpha^n + a_1\alpha^{n-1} + \cdots + a_{n-1}\alpha) + 奇数$$

但 $f(\alpha)$ 是奇数,故 $a_0\alpha^n + a_1\alpha^{n-1} + \cdots + a_{n-1}\alpha$ 一定是偶数,亦即 $a_0 + a_1 + a_2 + \cdots + a_{n-1}$ 必为偶数.

若 α' 为一奇数,则 $f(\alpha') = (a_0{\alpha'}^n + a_1{\alpha'}^{n-1} + \cdots + a_{n-1}\alpha') + a_n =$ 偶数 + 奇数 $\neq 0$,所以方程 $f(x) = 0$ 绝无奇数根.

综上所述,方程 $f(x) = 0$ 没有整数根.

4. 设 $\triangle ABC$ 为任意三角形,求证:

(1) $\tan^2\dfrac{A}{2} + \tan^2\dfrac{B}{2} + \tan^2\dfrac{C}{2} \geq 1$;

(2) $\cos A + \cos B + \cos C > 1$.

证明 (1) 因为

$$\left(\tan\dfrac{A}{2} - \tan\dfrac{B}{2}\right)^2 \geq 0$$

所以

$$\tan^2\dfrac{A}{2} + \tan^2\dfrac{B}{2} \geq 2\tan\dfrac{A}{2}\tan\dfrac{B}{2}$$

$$\tan^2\dfrac{B}{2} + \tan^2\dfrac{C}{2} \geq 2\tan\dfrac{B}{2}\tan\dfrac{C}{2}$$

$$\tan^2\dfrac{C}{2} + \tan^2\dfrac{A}{2} \geq 2\tan\dfrac{C}{2}\tan\dfrac{A}{2}$$

不等式两边各相加,得

$$\tan^2\dfrac{A}{2} + \tan^2\dfrac{B}{2} + \tan^2\dfrac{C}{2}$$
$$\geq \tan\dfrac{A}{2}\tan\dfrac{B}{2} + \tan\dfrac{B}{2}\tan\dfrac{C}{2} + \tan\dfrac{C}{2}\tan\dfrac{A}{2}$$

又因为
$$\tan\frac{A}{2}\tan\frac{B}{2}+\tan\frac{B}{2}\tan\frac{C}{2}+\tan\frac{C}{2}\tan\frac{A}{2}=1$$
所以
$$\tan^2\frac{A}{2}+\tan^2\frac{B}{2}+\tan^2\frac{C}{2}\geqslant 1$$

(2) 由和差化积法很容易证明
$$\cos A+\cos B+\cos C=1+4\sin\frac{A}{2}\sin\frac{B}{2}\sin\frac{C}{2}$$

因为 $\sin\frac{A}{2}$, $\sin\frac{B}{2}$, $\sin\frac{C}{2}$ 均为正值, 所以
$$\cos A+\cos B+\cos C>1$$

5. 在已知圆内求作内接等腰三角形, 使这个等腰三角形的底与其底上的高的和为极大值.

已知 如图 1.6, 圆 O 的半径为 r. 求作: 在圆 O 内作内接等腰三角形, 使其底和底上的高的和为极大值.

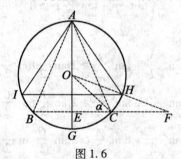

图 1.6

分析 令圆内接等腰 $\triangle ABC$ 的高是 AE, 则 AE 过圆心 O. 令 $\angle OCE=\alpha$, 则
$$OE=r\sin\alpha$$
$$EC=r\cos\alpha$$

$$BC + AE = 2r\cos\alpha + (r + r\sin\alpha)$$
$$= r + \sqrt{5}r\left(\frac{1}{\sqrt{5}}\sin\alpha + \frac{2}{\sqrt{5}}\cos\alpha\right)$$
$$= r + \sqrt{5}r(\sin\alpha\cos\varphi + \cos\alpha\sin\varphi)$$
$$= r + \sqrt{5}r\sin(\alpha + \varphi) \quad (其中 \varphi = \arctan 2)$$

当 $\alpha + \varphi = 90°$,即 $\alpha = 90° - \varphi$ 时,$\sin(\alpha + \varphi) = 1$ 为最大。

即底和底边上的高有极大值 $(1 + \sqrt{5})r$.

这时 $\tan\alpha = \tan(90° - \varphi) = \cot\varphi = \dfrac{1}{2}$.

作法 在直径 AG 上取任意长 OE,作 $EF \perp OE$,且令 $EF = 2OE$. 联结 OF 交圆 O 于点 H,联结 AH,并在圆上截取 AI,使 $AI = AH$,联结 IH,则 $\triangle AIH$ 为所求的三角形。(证明略)

6. 图 1.7 所示是一个立体的展开图,也就是说,适当拼合起来就成为一个立体.

(1)哪些线段在拼合时分别与线段 1,2,3 重合? 请在它们上面用同样数码标注出.

(2)这是什么图形? 为什么?

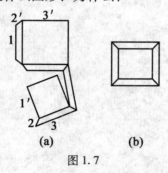

图 1.7

解 (1)拼合时 $1'$ 与 1 重合，$2'$ 与 2 重合，$3'$ 与 3 重合(如图 1.7(a)).

(2)这是一个正四棱台(如图 1.7(b))，因这个多面体共有六个面，上下两底都是正方形，而四个侧面都是等腰梯形，且互相全等.

1956年北京市数学竞赛试题及解答

第一试试题和解答

1. 证明：$n^3 + \dfrac{3}{2}n^2 + \dfrac{1}{2}n - 1$ 对任何正整数 n 都是整数，并且用 3 除时余 2.

证明

$$n^3 + \dfrac{3}{2}n^2 + \dfrac{1}{2}n - 1$$

$$= \dfrac{n(n+1)(2n+1)}{2} - 1$$

$$= \dfrac{n(n+1)}{2}(2n+1) - 1 \qquad ①$$

对任何整数 n，$\dfrac{n(n+1)}{2}$ 为整数，故原式为整数. 式 ① 末端又可以写作 $\dfrac{2n(2n+1)(2n+2)}{8} - 1$，而 $2n, 2n+1, 2n+2$ 中至少有一个是 3 的倍数，又 3 与 8 互质，所以 $\dfrac{2n(2n+1)(2n+2)}{8}$ 是能被 3 整除的整数. 于是原式等于 3 的整数倍减去

1,因而用3除它时必余2.

2. 设方程 $x^2 - px + q = 0$ 的两根为 r 和 s,且它们都不等于 0. 求以 $r^2 + \dfrac{1}{s^2}$ 和 $s^2 + \dfrac{1}{r^2}$ 为根的方程(不必解出原方程).

解 所求方程应为 $\left[x - \left(r^2 + \dfrac{1}{s^2}\right)\right]\left[x - \left(s^2 + \dfrac{1}{r^2}\right)\right] = 0$,即

$$x^2 - \left(r^2 + s^2 + \dfrac{1}{r^2} + \dfrac{1}{s^2}\right)x + \left(r^2 s^2 + 2 + \dfrac{1}{r^2 s^2}\right) = 0 \quad ①$$

但 r,s 是 $x^2 - px + q = 0$ 的两根,由根与系数的关系,知 $r + s = p, r \cdot s = q$,所以

$$r^2 + s^2 + \dfrac{1}{r^2} + \dfrac{1}{s^2} = \dfrac{(r^2 s^2 + 1)(r^2 + s^2)}{r^2 s^2}$$

$$= \dfrac{(q^2 + 1)(p^2 - 2q)}{q^2}$$

$$r^2 s^2 + 2 + \dfrac{1}{r^2 s^2} = q^2 + 2 + \dfrac{1}{q^2} = \left(q + \dfrac{1}{q}\right)^2$$

将以上结果代入方程①,得方程

$$x^2 - \dfrac{(q^2 + 1)(p^2 - 2q)}{q^2} x + \left(q + \dfrac{1}{q}\right)^2 = 0$$

3. 试证恒等式

$$\dfrac{1}{2} + \cos x + \cos 2x + \cdots + \cos nx = \dfrac{\sin\left(n + \dfrac{1}{2}\right)x}{2\sin \dfrac{1}{2} x}$$

证明 $\sin\left(n + \dfrac{1}{2}\right)x - \sin\left(n - \dfrac{1}{2}\right)x = 2\sin \dfrac{1}{2} x \cos nx$

$\sin\left(n - \dfrac{1}{2}\right)x - \sin\left(n - \dfrac{3}{2}\right)x$

第2章 1956年北京市数学竞赛试题及解答

$$= 2\sin\frac{1}{2}x\cos(n-1)x$$

$$\vdots$$

$$\sin\frac{3}{2}x - \sin\frac{1}{2}x = 2\sin\frac{1}{2}x\cos x$$

$$\sin\frac{1}{2}x = 2\sin\frac{1}{2}x\left(\frac{1}{2}\right)$$

将上面所有等式的两边分别相加,则得

$$\sin\left(n+\frac{1}{2}\right)x = 2\sin\frac{1}{2}x\left(\frac{1}{2} + \cos x + \cos 2x + \cdots + \cos nx\right)$$

所以

$$\frac{1}{2} + \cos x + \cos 2x + \cdots + \cos nx = \frac{\sin\left(n+\frac{1}{2}\right)x}{2\sin\frac{1}{2}x}$$

4. 设 C_1, C_2 是给定的两个圆,又 C_1, C_2 不相交,并且一个在另一个的外部. 由一点 P 作 C_1, C_2 的切线 PT_1, PT_2,设 $PT_1 = PT_2$,求点 P 的轨迹.

解 设圆 C_1, C_2 的圆心分别为 O_1, O_2,作 $PQ \perp O_1O_2$(或其延长线)交 O_1O_2 于点 Q,如图 2.1 所示,则

$$O_1P^2 = PT_1^2 + O_1T_1^2 = PT_1^2 + r_1^2$$

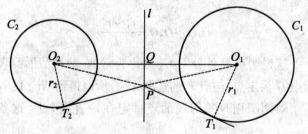

图 2.1

$$O_2P^2 = PT_2^2 + O_2T_2^2 = PT_2^2 + r_2^2$$

两式相减,得
$$O_1P^2 - O_2P^2 = PT_1^2 + r_1^2 - PT_2^2 - r_2^2 = r_1^2 - r_2^2$$

然而
$$O_1P^2 - O_2P^2 = (O_1Q^2 + QP^2) - (O_2Q^2 + QP^2)$$
$$= O_1Q^2 - O_2Q^2$$

所以
$$O_1Q^2 - O_2Q^2 = r_1^2 - r_2^2$$

或者
$$(O_1Q + O_2Q)(O_1Q - O_2Q) = r_1^2 - r_2^2$$

若两圆互不包含,则点 Q 在 Q_1, Q_2 之间,而
$$O_1Q + O_2Q = O_1O_2 = d$$

于是
$$O_1Q - O_2Q = \frac{r_1^2 - r_2^2}{d}$$

这说明 Q 内分 O_1O_2 之比为常数.

若圆 C_1 包含圆 C_2,则点 Q 在 O_1O_2 的延长线上,而
$$O_1Q - O_2Q = O_1O_2 = d$$

于是
$$O_1Q + O_2Q = \frac{r_1^2 - r_2^2}{d}$$

这说明点 Q 外分 O_1O_2 之比为常数. 两种情形都表示点 Q 为定点,与点 P 的选取无关,所以得到结论 1:

对两圆相等的切线的点一定在一直线 l 上,这条直线垂直于两圆的连心线于一定点 Q,而 Q 以 $\frac{r_1^2 - r_2^2}{d}$ 之

比分线段 O_1O_2.

反之,若在直线 l 上任取一点 R,再由点 P 向两圆作切线 RS_1, RS_2,则
$$RS_1^2 = RO_1^2 + r_1^2 = RQ^2 + O_1Q^2 + r_1^2$$
$$RS_2^2 = RO_2^2 + r_2^2 = RQ^2 + O_2Q^2 + r_2^2$$

根据结论 1 又知 $O_1Q^2 + r_1^2 = O_2Q^2 + r_2^2$,所以
$$RS_1^2 = RS_2^2$$

因此得到结论 2:

从直线 l 上任意一点到两圆的切线必然长度相等.

总结结论 1 和结论 2 即知点 P 的轨迹是直线 l.

第二试试题和解答

1. 有一群儿童,他们的年龄之和为 50 岁,其中最大的 13 岁,有一个儿童是 10 岁. 除去 10 岁的这个儿童,其余儿童的年龄恰好组成一个等差数列. 问有几个儿童? 每个儿童几岁?

解 把最大儿童的年龄记作 a,即 $a = 13$.

记除去 10 岁的那个儿童,还有 $b+1$ 个儿童,并设他们岁数的公差为 d,则这 $b+1$ 个儿童的岁数为
$$a, a-d, a-2d, \cdots, a-bd \qquad ①$$

于是
$$a + (a-d) + (a-2d) + \cdots + (a-bd)$$
$$= (b+1)a - \frac{b(b+1)d}{2} = 50 - 10 = 40$$

或者

$$(b+1)(2a-bd)=80$$

可见 $(b+1)$ 能整除 80,但 $2a-bd=a+(a-bd)>13$,故

$$b+1<\frac{80}{13}$$

又

$$2a-bd<2a=26$$

故

$$b+1>\frac{80}{26}$$

将这两方面结合起来,就知道 $b+1$ 只能是 4 或 5.

当 $b+1=4$ 时,$4(26-3d)=80$,所以 $d=2$.将 b,d 之值代入①得:$13,11,9,7$,所以一共有 $4+1=5$ 个儿童,他们的年龄分别为:$13,11,10,9,7$.

当 $b+1=5$ 时,$5(26-4d)=80$,则 d 为非整数,所以这种情况不可能,于是解是唯一的.

2. 证明:$\sqrt[3]{1+\dfrac{2}{3}\sqrt{\dfrac{7}{3}}}+\sqrt[3]{1-\dfrac{2}{3}\sqrt{\dfrac{7}{3}}}=1$,这里的两个三次根都取实数.

证明 设 $\sqrt[3]{1+\dfrac{2}{3}\sqrt{\dfrac{7}{3}}}+\sqrt[3]{1-\dfrac{2}{3}\sqrt{\dfrac{7}{3}}}=x$,则

$$x^3 = 1+\dfrac{2}{3}\sqrt{\dfrac{7}{3}}+1-\dfrac{2}{3}\sqrt{\dfrac{7}{3}}+$$
$$3\sqrt[3]{\left(1+\dfrac{2}{3}\sqrt{\dfrac{7}{3}}\right)\left(1-\dfrac{2}{3}\sqrt{\dfrac{7}{3}}\right)} \cdot$$
$$\left(\sqrt[3]{1+\dfrac{2}{3}\sqrt{\dfrac{7}{3}}}+\sqrt[3]{1-\dfrac{2}{3}\sqrt{\dfrac{7}{3}}}\right)$$

第2章 1956年北京市数学竞赛试题及解答

$$= 2 + 3\sqrt[3]{1 - \frac{4}{9} \cdot \frac{7}{3}} \cdot x = 2 - x$$

于是

$$x^3 + x - 2 = 0$$

这个方程的唯一实数根是 $x=1$，故命题得证．

3. 在平面上任取三点，其坐标为整数（正整数、负整数或零），证明：此三点不能组成正三角形．

证明 经过平移，可取一顶点为原点 $A(0,0)$，而其余两顶点的坐标仍为整数．设第二个顶点为 $B(a,b)$，而点 C 在 AB 的上方，如图 2.2 所示．若 $\triangle ABC$ 为正三角形，则

$$AC = AB = \sqrt{a^2 + b^2}$$

并且点 C 的位置完全确定了．现在把点 C 的坐标计算一下，为此先求 $\angle EAC$ 的余弦与正弦

$$\cos \angle EAC = \cos(\angle EAB + 60°) = \frac{a - \sqrt{3}b}{2\sqrt{a^2 + b^2}}$$

同理

$$\sin \angle EAC = \frac{\sqrt{3}a + b}{2\sqrt{a^2 + b^2}}$$

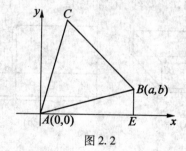

图 2.2

用 $AC=\sqrt{a^2+b^2}$ 乘 $\cos\angle EAC$ 与 $\sin\angle EAC$，便得点 C 的坐标 $\left(\dfrac{a-\sqrt{3}b}{2},\dfrac{\sqrt{3}a+b}{2}\right)$，要使这个坐标是整数，只有 $a=0,b=0$.

所以坐标为整数的三点不能组成正三角形.

4. 证明：在空间中不可能有这样的多面体存在，它们有奇数个面，而它们的每个面又都有奇数条边.

证明 设有 n 个面，n 为奇数，而每个面又有奇数条边 $S_1,S_2,S_3,\cdots,S_n$，则多面体的总棱数为

$$S=\dfrac{S_1+S_2+S_3+\cdots+S_n}{2}$$

因为每条边都是两个面共用的，所以需要除以 2，但等式右边分子是奇数(奇数个奇数的和)，因此右边不是整数，而左边是整数，所以不可能.

5. 已给一个长方体，三棱不等. 现在要由一顶点沿表面到对角顶点，求最短的路线.

解 设长方体的三棱长为 a,b,c，而 $c<b<a$，从立体几何知道，假定要由图中的点 A 到点 C'，如图 2.3(a)所示，相对短的路线有两条，如图 2.3(b)所示. 一条要跨过棱 $A'B'$，路线 AC' 的长是

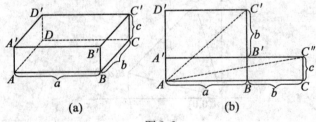

(a)　　　　　　　(b)

图 2.3

第2章 1956年北京市数学竞赛试题及解答

$$\sqrt{a^2+(b+c)^2}$$

如图 2.3(b)所示,另一条要跨过棱 BB',路线 AC'' 的长为

$$\sqrt{(a+b)^2+c^2}$$

由假设 $c<a$,所以

$$\sqrt{a^2+(b+c)^2}<\sqrt{(a+b)^2+c^2}$$

可见,最短路线相当于图 2.3(b)中 AC' 的路线,其长是

$$\sqrt{a^2+(b+c)^2}$$

6. 解方程组:$\begin{cases} x^2=6+(y-z)^2 \\ y^2=2+(z-x)^2 \\ z^2=3+(x-y)^2 \end{cases}$.

解 改写原方程组为

$$\begin{cases} 6=x^2-(y-z)^2=(x-y+z)(x+y-z) & ① \\ 2=y^2-(z-x)^2=(y-z+x)(y+z-x) & ② \\ 3=z^2-(x-y)^2=(z-x+y)(z+x-y) & ③ \end{cases}$$

式①×式②×式③得

$$36=(x-y+z)^2(y-z-x)^2(y+x-z)^2 \qquad ④$$

故有

$$(x-y+z)(y+z-x)(y+x-z)=\pm 6 \qquad ⑤$$

式⑤÷式①得

$$y+z-x=\pm 1 \qquad ⑥$$

式⑤÷式②得

$$x-y+z=\pm 3 \qquad ⑦$$

式⑤÷式③得

$$y + x - z = \pm 2 \qquad ⑧$$

式⑥ + 式⑦ + 式⑧得

$$x + y + z = \pm 6 \qquad ⑨$$

式⑨ - 式⑥得

$$2x = \pm 5, x = \pm \frac{5}{2}$$

式⑨ - 式⑦得

$$2y = \pm 3, y = \pm \frac{3}{2}$$

式⑨ - 式⑧得

$$2z = \pm 4, z = \pm 2$$

故得两组解

$$\begin{cases} x = \frac{5}{2} \\ y = \frac{3}{2} \\ z = 2 \end{cases} \text{及} \begin{cases} x = -\frac{5}{2} \\ y = -\frac{3}{2} \\ z = -2 \end{cases}$$

7. 求 $x^2 - 2x\sin\frac{\pi x}{2} + 1 = 0$ 的所有实根.

解 设 x 为实数,则

$$\sin\frac{\pi x}{2} \leqslant 1, \left(\sin\frac{\pi x}{2}\right)^2 \leqslant 1 \qquad ①$$

又 x 为实数,则所给二次方程的判别式 $\Delta \geqslant 0$,即

$$\left(2\sin\frac{\pi x}{2}\right)^2 - 4 \geqslant 0$$

即

$$\left(\sin\frac{\pi x}{2}\right)^2 \geqslant 1 \qquad ②$$

比较式①②,就知 $\left(\sin\dfrac{\pi x}{2}\right)^2 = 1$.

从而

$$\sin\dfrac{\pi x}{2} = \pm 1$$

故

$$x = \pm 1, \pm 3, \pm 5, \cdots$$

代入原式,只有 $x = \pm 1$ 满足,所以,所求实根为 $x = \pm 1$.

8. 在已知平面的一侧有不共线的三个定点. 如果有一个球通过这三点,并且与平面相切,求这个切点的位置.

注 本题只限用圆规和直尺.

解 设三定点 A, B, C 决定的平面为 π_1,与所设的平面 π 交于直线 d,过 A, B, C 的圆的中心为点 H,过点 H 作垂直于 d 的平面,与 d 交于点 K,与 π 交于 KP. 设点 K 在圆 H 之外,作 KT 切圆 H 于点 T. 在直线 KP 上取线段 $KQ = KT$,则 Q 为所求的切点.

证明 如图 2.4,在过点 H, K, Q 的平面内,过点 H 作 KH 的垂线,过点 Q 作 KQ 的垂线,设两垂线的交点为 O,OQ 垂直于 π 内的 d 及 KP,所以 $OQ \perp \pi$. 同理 $OH \perp \pi_1$.

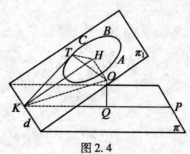

图 2.4

因为 $OH \perp KT$,$HT \perp KT$,所以 $KT \perp$ 平面 OHT,$KT \perp OT$,因而 $\triangle OKT$ 是直角三角形.

在 $Rt\triangle OKT$ 与 $Rt\triangle OKQ$ 中,因为 OK 是它们的公共斜边,$KT = KQ$,所以 $\triangle OKT \cong \triangle OKQ$,所以 $OQ = OT$.

因为 $HA = HB = HC = HT$,$OH \perp \pi_1$,所以 $OA = OB = OC = OT$,再根据 $OQ = OT$,即得 $OA = OB = OC = OQ$.

以 O 为圆心,OQ 为半径作球,这个球一定通过 A,B,C 三点,而且切平面 π 于点 Q,所以 Q 是所求的点.

讨论 $\pi_1 /\!/ \pi$ 时一解;π_1 与 π 相交,而交线 d 在圆 H 之外时两解;若 d 切圆 H 于点 K,则当 $\pi_1 \perp \pi$ 时一解,否则无解.

1956年武汉市数学竞赛试题及解答

第3章

1. 设 n 为正整数,问有多少种方法可将 n 表示为三个正整数的和?(相加次序不同的作为不同的方法. 例如: $n=5$, $5=1+2+2=2+1+2$ 是不同的方法)

解 三个相加数中,第一个数为 1 的有 $n-2$ 种,即 $1+1+(n-2)$, $1+2+(n-3)$, $\cdots$, $1+(n-2)+1$,仿之,第一个数为 2 的有 $n-3$ 种等,故共有
$$1+2+3+\cdots+(n-2)$$
$$=\frac{1}{2}(n-2)(n-1)(\text{种})$$

2. 甲自 A 地骑自行车,与一辆三轮车同时出发,10 分钟后甲的弟弟乙因甲忘记带钱,另骑一车从 A 地出发去追甲,追到甲后立即按原来的速度赶回,在回程 5 里(1 里 = 500 米)处又遇见了三轮车,设甲的速度是 24 里/时,而乙的速度是三轮车的 2 倍,试求乙的速度.

解 设三轮车的速度为 x 里/时,且设乙在距 A 地 y 里处追上甲,则有

$$\begin{cases} \dfrac{y}{24} - \dfrac{y}{2x} = \dfrac{1}{12} \\ \dfrac{y+5}{2x} - \dfrac{y-5}{x} = \dfrac{1}{6} \end{cases}$$

解得

$$x = 15$$

3. 设 a,b,c 为 $\triangle ABC$ 中三角 A,B,C 的对边,试证

$$\frac{\cos\dfrac{B}{2}\sin\left(\dfrac{B}{2}+C\right)}{\cos\dfrac{C}{2}\sin\left(\dfrac{C}{2}+B\right)} = \frac{a+c}{a+b}$$

证明 $\cos\dfrac{B}{2}\sin\left(\dfrac{B}{2}+C\right)$

$= \cos\dfrac{B}{2}\sin\dfrac{B}{2}\cos C + \cos^2\dfrac{B}{2}\sin C$

$= \dfrac{1}{2}\sin B\cos C + \dfrac{1}{2}(1+\cos B)\sin C$

$= \dfrac{1}{2}[\sin(B+C) + \sin C]$

$= \dfrac{1}{2}(\sin A + \sin C)$

$= \dfrac{1}{4R}(a+c)$ （R 为三角形外接圆半径）

同理

$$\cos\dfrac{C}{2}\sin\left(\dfrac{C}{2}+B\right) = \dfrac{1}{4R}(a+b)$$

综上

$$\frac{\cos\dfrac{B}{2}\sin\left(\dfrac{B}{2}+C\right)}{\cos\dfrac{C}{2}\sin\left(\dfrac{C}{2}+B\right)}=\frac{a+c}{a+b}$$

4. 设线段 AB 的长为 $2l$，中点为 C，以 C 为圆心，小于 l 的任意长为半径，在 AB 上作一半圆，并由 A,B 作这个半圆的切线，切点分别记为 D,E. 若 $\overset{\frown}{DE}$ 上任一点 F 的切线与由 A,B 所作切线分别交于点 A',B'，证明：$AA'\cdot BB'=l^2$.

证明 如图 3.1，联结 CD,CA',CF,CB',CE. 不难由题设条件知道

$$\angle ACD=\angle BCE,\ \angle DCA'=\angle FCA',\ \angle ECB'=\angle FCB'$$

故

$$\angle BCB'=\frac{\pi}{2}-\angle A'CD=\angle AA'C$$

又

$$\angle DAC=\angle EBC$$

所以

$$\triangle A'AC\backsim\triangle CBB'$$

所以

$$AA'\cdot BB'=l^2$$

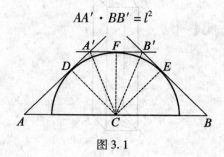

图 3.1

5. 将图 3.2 中正方形沿虚线折成一正四棱柱面，因此对角线 AE 就成为一条绕在柱面上的折线 ABC-DE. 试求这条折线相邻各段间的夹角.

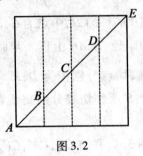

图 3.2

解 如图 3.3 所示，$\triangle ABC$ 中，$AB = BC = \sqrt{2}\,a$，$AC = \sqrt{6}\,a$，其中原正方形的边长是 $4a$，故

$$\cos \angle ABC = \frac{AB^2 + BC^2 - AC^2}{2AB \cdot AC}$$

$$= \frac{2a^2 + 2a^2 - 6a^2}{4a^2}$$

$$= -\frac{1}{2}$$

所以 $\angle ABC = 120°$.

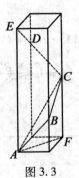

图 3.3

1957年天津市数学竞赛试题及解答

初赛试题

1. 一直角三角形,两腰为 a 和 b,且 a 所对角为 $\arcsin\frac{1}{2}\sqrt{\frac{a}{b}}$,证明:$a,b$ 满足 $\lg\frac{1}{\sqrt{6}}(a+b) = \frac{1}{2}(\lg a + \lg b)$.

证明 $\frac{1}{2}\sqrt{\frac{a}{b}} = \frac{a}{\sqrt{a^2+b^2}}$,化简得 $\sqrt{ab} = \frac{1}{\sqrt{6}}(a+b) > 0$,所以两边取对数得 $\lg\frac{1}{\sqrt{6}}(a+b) = \frac{1}{2}(\lg a + \lg b)$.

2. 解方程组:
$$\begin{cases} (2x+2y+3z)^2 + (3x-y+z)^2 = 5 & \text{①} \\ (3x-y+z)(2x+2y+3z) = 2 & \text{②} \\ 2x-y+z = 2 & \text{③} \end{cases}$$

解 令 $2x+2y+3z = X, 3x-y+z = Y$,则①②化为 $\begin{cases} X^2 + Y^2 = 5 \\ XY = 2 \end{cases}$. 从中解出 X, Y 后与③联立.

第 4 章

31

本题有四组解

$$\begin{cases}x=-1\\y=-1.6,\\z=2.4\end{cases}\begin{cases}x=0\\y=-1,\\z=1\end{cases}\begin{cases}x=-4\\y=-4.6,\\z=5.6\end{cases}\begin{cases}x=-3\\y=-4\\z=4\end{cases}$$

3. 已知四面体 $ABCD$，$AB \perp CD$，$AC \perp BD$，如图 4.1 所示，求证：$AD \perp BC$.

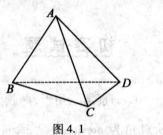

图 4.1

证明 点 A 在平面 BCD 内的正射影是 $\triangle BCD$ 的垂心（其实这是一个垂心四面体，有两对对棱互相垂直，则第三对对棱也互相垂直）.

4. 如图 4.2，过点 A 有两条直线，夹角为锐角 α，在这个夹角内有一个圆与一条直线相切于点 T，与另一条直线不相交，已知圆的半径为 r，AT 长为 a，圆周与不相交的直线的最短距离为 b，求 $\sin\alpha$，$\cos\alpha$，$\tan\alpha$ 的值.（结果中分母不要开方号）

提示 先求 $\sin\alpha_1$，$\cos\alpha_1$，$\sin\alpha_2$，$\cos\alpha_2$，即

$$\sin\alpha = \frac{r\sqrt{a^2-b^2-2br}+a(b+r)}{a^2+r^2}$$

$$\cos\alpha = \frac{a\sqrt{a^2-b^2-2br}-r(b+r)}{a^2+r^2}$$

第4章 1957年天津市数学竞赛试题及解答

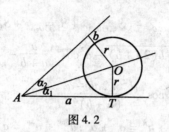

图 4.2

复赛试题

1. 已知三圆两两相切,如图 4.3 所示,它们的半径分别为 a,a,b,求这三个圆所围成的面积.

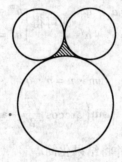

图 4.3

解 如图 4.4 所示,得

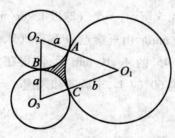

图 4.4

$$S = S_{\triangle O_1O_2O_3} - (S_{\text{扇形}O_1AC} + S_{\text{扇形}O_2AB} + S_{\text{扇形}O_3BC})$$

$$= \sqrt{a^2b(2a+b)} - a^2\cos^{-1}\frac{a}{a+b} -$$

$$\frac{1}{2}b^2\cos^{-1}\frac{b^2+2ab-a^2}{(a+b)^2}$$

2. 若 $a^m + a^n = a^p + a^q, a^{3m} + a^{3n} = a^{3p} + a^{3q}$（其中 $0 < a \neq 1$），求证：$m \cdot n = p \cdot q$。

证明 将 $a^{3m} + a^{3n} = a^{3p} + a^{3q}$ 分解因式且简化后得

$$a^m \cdot a^n = a^p \cdot a^q$$

解 $\begin{cases} a^m \cdot a^n = a^p \cdot a^q \\ a^m + a^n = a^p + a^q \end{cases}$，即可得 $\begin{cases} a^m = a^p \\ a^n = a^q \end{cases}$，或 $\begin{cases} a^m = a^q \\ a^n = a^p \end{cases}$。

故

$$m \cdot n = p \cdot q$$

3. 解方程 $\left[\sin\left(\arccos\frac{\sqrt{2}}{2} + \arctan\sqrt{3}\right)\right]x^4 = 10\,000^{(1-\lg\frac{5}{2})}$，并将结果化简。

提示 化解后得

$$x^4 = 2^8$$

4. 如图 4.5 所示，一个气球以 1 km/min 的速度由地面上升，10 min 后由观察点 D 测得气球在 D 的正东方向，仰角为 $45°$ 的 A_1，10 min 后，测得在 D 的东偏北 $30°$，其仰角为 $60°$ 的 A_2，求风向和风速。

第4章 1957年天津市数学竞赛试题及解答

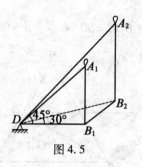

图 4.5

证明 风速 $v = \dfrac{B_1 B_2}{t} = \dfrac{\sqrt{3}}{3}$ km/min,证明了 $\angle DB_1B_2 = 90°$,是南风.

5. 试用数学归纳法证明凸 n 边形对角线的数目为 $\dfrac{n(n-3)}{2}(n > 3)$.

证明 略.

6. 已知 $\triangle ABC$,求证:两腰 AB,AC 相等的充分且必要条件为 $\angle B$ 及 $\angle C$ 的平分线相等.

证明 必要性易证,充分性证明如下:

如图 4.6 所示,设角平分线 CE,BD 交于点 O,联结 FC,过点 D 作 $\angle BDF = \angle BCE$,且使 $DF = CB$,则
$$\triangle FBD \cong \triangle CBE$$
所以
$$\angle ABC = \angle DFB$$
$$\angle FBD = \angle BEC$$
$$\angle FBC = \angle FBD + \angle DBC = \angle BEC + \angle OBC = \angle BOC$$
$$\angle CDF = \angle CDB + \angle BDF = \angle CDO + \angle OCD = \angle BOC$$
且

$$\angle BOC = 90° + \frac{1}{2}\angle A > 90°$$

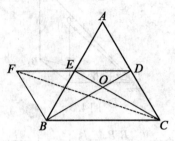

图 4.6

在 $\triangle BCF$ 和 $\triangle CDF$ 中, $BC = DF$, $CF = CF$, $\angle FBC = \angle CDF > 90°$, 所以
$$\triangle BCF \cong \triangle DFC$$
所以 $BF = CD$, 四边形 $BCDF$ 是平行四边形, 则
$$\angle ABC = \angle DFB = \angle DCB$$
所以
$$AB = AC$$

1957年武汉市数学竞赛试题及解答

初赛试题

1. 设 $a+b+c=abc$，求证
$$a(1-b^2)(1-c^2)+b(1-a^2)(1-c^2)+c(1-a^2)(1-b^2)=4abc$$

证明
$$a(1-b^2)(1-c^2)+b(1-a^2)\cdot(1-c^2)+c(1-a^2)(1-b^2)$$
$$=(1-c^2)[a(1-b^2)+b(1-a^2)]+c(1-a^2)(1-b^2)$$
$$=(1-c^2)[(a+b)(1-ab)]+c(1-a^2)(1-b^2)$$
$$=(1-c^2)[(abc-c)(1-ab)]+c(1-a^2)(1-b^2)$$
$$=c[-(1-c^2)(ab-1)^2+(1-a^2)(1-b^2)]$$
$$=c[(1-a^2)(1-b^2)-(ab-1)^2+(abc-c)^2]$$
$$=c[(1-a^2)(1-b^2)-(ab-1)^2+(a+b)^2]$$
$$=4abc$$

2. 设 $a_1, a_2, \cdots, a_n$ 都是实数,并且有

$$\begin{cases} a_1^4 + a_2^4 + a_3^4 + \cdots + a_n^4 = p^4 & \text{①} \\ a_1^3 b_1 + a_2^3 b_2 + a_3^3 b_3 + \cdots + a_n^3 b_n = p^3 q & \text{②} \\ a_1^2 b_1^2 + a_2^2 b_2^2 + a_3^2 b_3^2 + \cdots + a_n^2 b_n^2 = p^2 q^2 & \text{③} \\ a_1 b_1^3 + a_2 b_2^3 + a_3 b_3^3 + \cdots + a_n b_n^3 = p q^3 & \text{④} \\ b_1^4 + b_2^4 + b_3^4 + \cdots + b_n^4 = q^4 & \text{⑤} \end{cases}$$

求证:$a_1 : b_1 = a_2 : b_2 = a_3 : b_3 = \cdots = a_n : b_n = p : q$.

证明 ① $\cdot q^4$ + ② $\cdot (-4pq^3)$ + ③ $\cdot (6p^2 q^2)$ + ④ $\cdot (-4p^3 q)$ + ⑤ $\cdot p^4$ 可得

$$\sum_{i=1}^{n} (a_i q - b_i p)^4 = 0$$

3. 设 r 和 h_a 分别表示 $\triangle ABC$ 的内切圆半径和 BC 边上的高,r_a 表示与 BC 边及与 AB, AC 的延长线相切的旁切圆半径. 求证

$$h_a = \frac{2 r_a r}{r_a - r}$$

提示 $r = \dfrac{S_{\triangle ABC}}{S}, r_a = \dfrac{S_{\triangle ABC}}{S-a}, h_a = \dfrac{2 S_{\triangle ABC}}{a} \left(S = \dfrac{a+b+c}{2} \right).$

4. 设 $\triangle ABC$ 的两条中线 BD, CE 的中点分别是 M, N,求 MN 和 BC 两线段长度的比值.

解 $MN : BC = 1 : 4$.

5. 一个直圆锥体有一个半径为 r 的内切球,如果已知一个与这个球相切,与圆锥一母线相垂直的平面到锥顶的距离是 $\dfrac{1}{3} r$,求这个圆锥的体积.

解 如图 5.1 所示,设 $\angle A = 2\alpha, AE = \dfrac{r}{3}, AF =$

$\dfrac{r}{3}\sec 2\alpha, EF = \dfrac{r}{3}\tan 2\alpha.$

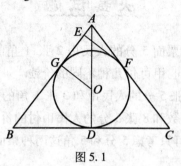

图 5.1

但

$$AG = \dfrac{1}{2}(AE + EF + AF), OG = AG \cdot \tan\alpha$$

即

$$r = \dfrac{r}{6}(1 + \sec 2\alpha + \tan 2\alpha)\tan\alpha$$

解得

$$\tan\alpha = \dfrac{3}{4}$$

设 $\angle B = 2\beta, \tan 2\beta = \dfrac{4}{3}$,所以

$$\tan\beta = \dfrac{1}{2}$$

所以

$$BD = 2r, AD = BD \cdot \tan 2\beta = \dfrac{8}{3}r$$

所以

$$V = \dfrac{1}{3} \cdot \dfrac{8}{3}r \cdot \pi(2r)^2 = \dfrac{32}{9}\pi r^3$$

决赛试题

1. 甲有票面 5 分的人民币 2 张,1 角的 3 张,5 角的 9 张,试问:甲可付几种不同的价钱.

解 2 张 5 分的人民币和 3 张 1 角的人民币所能付的价钱种数和 8 张 5 分的人民币付的价钱种数是相同的,这样可只考虑 5 分和 5 角这两种票面,$9 \times 10 - 1 = 89$(种).

2. 方程 $x^n = 1 (n \geq 2)$ 的 n 个根是 $1, a_1, \cdots, a_{n-1}$,求证
$$(1-a_1^2)(1-a_2^2)\cdots(1-a_{n-1}^2) = \begin{cases} 0 & (n \text{ 为偶数时}) \\ n & (n \text{ 为奇数时}) \end{cases}$$

证明 利用根与系数的关系有
$$\begin{cases} \Delta_1 = a_1 + a_2 + \cdots + a_{n-1} = -1 \\ \Delta_2 = a_1 a_2 + a_1 a_3 + \cdots + a_{n-2} \cdot a_{n-1} = 1 \\ \vdots \\ \Delta_{n-1} = a_1 a_2 a_3 \cdots a_{n-1} = (-1)^{n-1} \end{cases}$$

而
$$(1-a_1^2)(1-a_2^2)\cdots(1-a_{n-1}^2)$$
$$= [1 + \Delta_1 + \Delta_2 + \cdots + \Delta_{n-1}] \cdot$$
$$[1 - \Delta_1 + \Delta_2 - \cdots + (-1)^{n-1}\Delta_{n-1}]$$

故当 n 为偶数时,结果为 0,当 n 为奇数时,结果为 n.

3. 消去下列方程组中的 x 和 y:
$$\begin{cases} \sin x + \sin y = a & \text{①} \\ \cos x + \cos y = b & \text{②} \\ \cot x \cdot \cot y = c & \text{③} \end{cases}$$

解 由式①² + 式②² 得

$$\cos(x-y) = \frac{1}{2}(a^2+b^2-2)$$

由式②² - 式①² 得

$$\cos(x+y) = \frac{b^2-a^2}{a^2+b^2}$$

由式③得

$$\frac{\cos(x+y)}{\cos(x-y)} = \frac{c-1}{c+1}$$

4. 一个正 $\triangle ABC$,边长是 $2a$,以各顶点为中心,$\sqrt{2}a$ 为半径画圆,求三圆公共部分的面积.

解 如图 5.2,公共部分可看作由三个弓形及一个三角形组成,其中弓形所对的弧是 30°的弧,三角形是正三角形,从而

$$S = \left(\frac{\pi}{2} + \sqrt{3} - 3\right)a^2$$

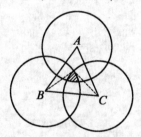

图 5.2

5. 三面角 $S-ABC$ 的三个面角分别是 $\angle BSC = \alpha$,$\angle CSA = \beta$,$\angle ASB = \gamma$,求这个三面角的三个二面角的大小.

解 如图 5.3,从三面角的顶点为端点在二面角

的棱 SA 上取等于单位长的线段 SM，过这条线段的端点 M 作平面 PMN 垂直于这条棱，可求得

$$\cos\angle SPN = \frac{\cos\alpha - \cos\beta\cos\gamma}{\sin\beta\sin\gamma}$$

其中，$\angle SPN$ 是 α 所对的二面角．

其余两个二面角略．

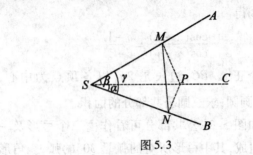

图 5.3

1957年南京市数学竞赛试题及解答

初赛试题

1. 设 a, b 是相异的正数,试证:方程 $(a^2+b^2)x^2+4abx+2ab=0$ 无实根.

证明 略.

2. 直圆锥的底面半径为 3,母线和底面所成的角为 $30°$,在这个锥体内过锥顶且和高成 $30°$ 角作一平面,试求所得截面的面积.

解 $S=4\sqrt{2}$.

3. 不用查表,计算下式的值
$$\lg 2 \cdot \lg 50 + \lg 5 \cdot \lg 20 - \lg 100 \cdot \lg 5 \cdot \lg 2$$

提示 用 $\lg 2$ 表示 $\lg 50, \lg 5, \lg 20$.

4. 设 a, b, c 为三角形的三边,而其对角为 $2\varphi, 3\varphi, 4\varphi$,试证:
$$\cos\varphi = \frac{a+c}{2b}$$

证明 利用正弦定理得

第 6 章

$$\frac{a}{\sin 2\varphi} = \frac{b}{\sin 3\varphi} = \frac{c}{\sin 4\varphi} = 2R$$

所以

$$\begin{aligned} a + c &= 2R(\sin 2\varphi + \sin 4\varphi) \\ &= 2R \cdot 2\cos\varphi \cdot \sin 3\varphi \\ &= 2b\cos\varphi \end{aligned}$$

5. 设四边形 $ABCD$ 内接于圆 O，其对边 AD 与 BC 的延长线交于圆 O 外一点 E，由点 E 引一直线平行于 AC 交 BD 的延长线于点 M，由点 M 引 MT 切圆 O 于点 T，求证：$MT = ME$.

提示 利用 $\triangle EBM \backsim \triangle DEM$，导出 $ME^2 = MD \cdot MB$.

6. 解方程 $2(x+1) = 2\sqrt{x(x+8)} + \sqrt{x} - \sqrt{x+8}$.

提示 令 $y = \sqrt{x+8} - \sqrt{x}$，则原方程化为
$$y^2 + y - 6 = 0$$

复赛试题

1. 求证：对于任何自然数 n，$3^{2n} - 8n - 1$ 都能被 64 整除.

证明 略.

2. 若某等差数列的第 p 项，第 q 项，第 r 项分别为 $\frac{1}{a}$，$\frac{1}{b}$，$\frac{1}{c}$，试求 $(q-r)bc + (r-p)ca + (p-q)ab$ 的值.

解 设等差数列的首项为 a_1，公差为 d，则

$$a_1 + (p-1)d = \frac{1}{a} \qquad ①$$

$$a_1 + (q-1)d = \frac{1}{b} \qquad ②$$

$$a_1 + (r-1)d = \frac{1}{c} \qquad ③$$

式① - 式②得

$$(p-q)ab = \frac{b-a}{d}$$

式② - 式③得

$$(q-r)bc = \frac{c-b}{d}$$

式③ - 式①得

$$(r-p)ca = \frac{a-c}{d}$$

所以

$$(p-q)ab + (q-r)bc + (r-p)ca = 0$$

3. 若 A, B, C 是锐角 $\triangle ABC$ 的三个顶点,试比较 $\sin A + \sin B + \sin C$ 和 $\cos A + \cos B + \cos C$ 的大小.

解 因为三角形是锐角三角形,三个角中任两个角有 $90° < A+B < 180°$,则 $45° < \dfrac{A+B}{2} < 90°$.

由 $\sin \dfrac{A+B}{2} > \cos \dfrac{A+B}{2}$ 推得

$$\sin A + \sin B > \cos A + \cos B$$

同理可得

$$\sin A + \sin C > \cos A + \cos C$$

$$\sin B + \sin C > \cos B + \cos C$$

将所得三个不等式两边分别相加,再除以 2 即得
$$\sin A + \sin B + \sin C > \cos A + \cos B + \cos C$$

4. 点 D, E, F 分别在 $\triangle ABC$ 的三边 BC, CA, AB 上,并且 $\dfrac{BD}{DC} = \dfrac{CE}{EA} = \dfrac{AF}{FB}$,求证:$\triangle ABC$ 和 $\triangle DEF$ 有共同的重心.

证明 如图 6.1,过点 E 作 $ED' \parallel AB$,交 BC 于点 D',则 $AFD'E$ 为平行四边形. 设 EF, AD' 交于点 O, BC 边上的中线是 AM,则 DO, AM 的交点 G 是 $\triangle ABC$ 和 $\triangle DEF$ 共同的重心.

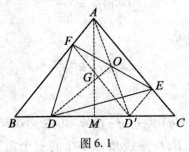

图 6.1

5. 求正四面体的一个二面角和正八面体的一个二面角的和.

解 略.

6. 设 a, b, c, d 是四个正整数,它们满足条件 $a < b < c < d$,而且 $\dfrac{1}{a} + \dfrac{1}{b} + \dfrac{1}{c} + \dfrac{1}{d} = 1$.

求证:$a = 2, b = 3$ 或 4,且 a, b, c, d 共有六组解.

证明 易证
$$\frac{1}{a} > \frac{1}{b} > \frac{1}{c} > \frac{1}{d}$$

第6章 1957年南京市数学竞赛试题及解答

所以
$$\frac{3}{a} > \frac{1}{b} + \frac{1}{c} + \frac{1}{d}$$

所以
$$\frac{4}{a} > \frac{1}{a} + \frac{1}{b} + \frac{1}{c} + \frac{1}{d} = 1$$

所以
$$1 < a < 4$$

但当 $a = 3$ 时,$\frac{1}{a} + \frac{1}{b} + \frac{1}{c} + \frac{1}{d}$ 的最大值只能是 $\frac{19}{20}$.

所以 $a \neq 3$,所以 a 只能是 2.

由 $a = 2$ 可得
$$\frac{3}{b} > \frac{1}{2}$$

所以
$$2 < b < 6$$

下面讨论 b 的可能情况:

当 $b = 5$ 时,无解;

当 $b = 4$ 时,如果 $c = 7$. 因为 d 为非整数,所以无解;

如果 $c = 6$ 时,$d = 12$;如果 $c = 5$ 时,$d = 20$;

当 $b = 3$ 时,则有如下四组解:$c = 10, d = 15$;$c = 9, d = 18$;$c = 8, d = 24$;$c = 7, d = 24$.

所以本题有六组解:$(2,3,10,15)$,$(2,3,9,18)$,$(2,3,8,24)$,$(2,3,7,24)$,$(2,4,6,12)$,$(2,4,5,20)$.

1957年上海市数学竞赛试题及解答

复赛:(一)高中二年级部分

1. 写出10个连续的自然数,每个都要是合数.

解法1 这10个连续自然数可以写成 $k+2, k+3, k+4, \cdots, k+11$ 的形式,如果 k 能是 $2,3,4,5,6,7,8,9,10,11$ 的倍数,那么这10个数一定都是合数了,因此可令 $k=11!$,而这10个连续的自然数为 $k!+2, k!+3, k!+4, \cdots, k!+11$.

解法2 最小的10个都是合数的连续的自然数为 $114, 115, 116, \cdots, 123$,这可以用筛选法求出来. 即写好从1起的自然数列后,画出2的倍数,3的倍数等,看什么时候画出10个连续的自然数为止.

2. 已知方程 $x^2 + ax + b = 0$ 与 $x^2 + px + q = 0$ 有一个公共根,求以它们的相异根为根的二次方程.

第7章

解 令公共根为 α,由韦达定理得两相异根为 $\dfrac{b}{\alpha}$ 和 $\dfrac{q}{\alpha}$.

因为 α 是公共根,所以
$$\begin{cases} \alpha^2 + a\alpha + b = 0 \\ \alpha^2 + p\alpha + q = 0 \end{cases}$$

解得
$$\alpha = \frac{q-b}{a-p}$$

故两相异根为 $\dfrac{b(a-p)}{q-b}$ 与 $\dfrac{q(a-p)}{q-b}$.

故所求的方程为
$$x^2 - \frac{(b+q)(a-p)}{q-b}x + \frac{bq(a-p)^2}{(q-b)^2} = 0$$

3. 当 x 为何值时,$\lg\sqrt{\lg\sqrt{\lg\sqrt{\lg\sqrt{\lg\sqrt{\lg x}}}}}$ 才有意义.

解 因为
$$\lg\sqrt{\lg\sqrt{\lg\sqrt{\lg\sqrt{\lg\sqrt{\lg x}}}}} \geq 0$$
所以
$$\sqrt{\lg\sqrt{\lg\sqrt{\lg\sqrt{\lg\sqrt{\lg x}}}}} \geq 1$$
因为
$$\lg\sqrt{\lg\sqrt{\lg\sqrt{\lg\sqrt{\lg x}}}} \geq 1$$
所以

$$\sqrt{\lg\sqrt{\lg\sqrt{\lg\sqrt{\lg x}}}} \geq 10$$

$$\lg\sqrt{\lg\sqrt{\lg\sqrt{\lg x}}} \geq 10^2$$

所以

$$\sqrt{\lg\sqrt{\lg\sqrt{\lg x}}} \geq 10^{10^2}$$

$$\lg\sqrt{\lg\sqrt{\lg x}} \geq 10^{2\cdot 10^2}$$

所以

$$\sqrt{\lg\sqrt{\lg x}} \geq 10^{2\cdot 10^2}$$

$$\lg\sqrt{\lg x} \geq 10^{2\cdot 10^2\cdot 10^2}$$

所以

$$\sqrt{\lg x} \geq 10^{10^2\cdot 10^2\cdot 10^2}$$

$$\lg x \geq 10^{2\cdot 10^2\cdot 10^2\cdot 10^2}$$

所以

$$x \geq 10^{10^2\cdot 10^2\cdot 10^2\cdot 10^2}$$

4. 已知等边三角形,求作它的外接等边三角形,且使其面积最大.

已知 等边 $\triangle ABC$,求作: $\triangle ABC$ 的外接等边三角形,使其面积最大.

分析 如图 7.1,如果经过 A,B,C 三点,分别作三直线 DF,FE,ED,使其与 $\triangle ABC$ 的三边成相等的角,即

$$\angle DAC = \angle FBA = \angle ECB$$

则

$$\triangle DAC \cong \triangle FBA \cong \triangle ECB$$

因此可得

第7章　1957年上海市数学竞赛试题及解答

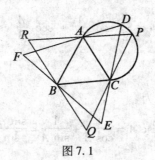

图 7.1

$$DF = FE = ED$$

则 $\triangle DFE$ 为等边三角形.

但面积

$$S_{\triangle DEF} = S_{\triangle ABC} + S_{\triangle DAC} + S_{\triangle FBA} + S_{\triangle ECB}$$
$$= S_{\triangle ABC} + 3S_{\triangle DAC}$$

欲使 $\triangle DEF$ 的面积最大,必须使 $\triangle DAC$ 的面积最大. 现 AC 为定长,$\angle ADC$ 为定角且等于 $60°$,则点 D 在以 AC 为弦,圆周角为 $60°$ 的一个在 $\triangle ABC$ 外侧的弓形弧上. 显然,若点 D 在 $\overset{\frown}{AC}$ 的中点 P 的位置,则它到 AC 的距离最大,亦即以 AC 为底,顶点在 $\overset{\frown}{AC}$ 上的三角形中,以 $\triangle PAC$ 的面积为最大,但此时 $\angle PAC = 60°$,故 $AP \parallel BC$,因此得到下面的作法.

作法　过等边 $\triangle ABC$ 各顶点 A,B,C 分别作平行于对边的直线,两两相交于点 P,Q,R,则 $\triangle PQR$ 即为所求的三角形.

5. 若 A 为锐角. 求证:$\sec A + \sec \dfrac{A}{2} + \sec \dfrac{A}{3} + \cdots + \sec \dfrac{A}{n} + \csc A + \csc \dfrac{A}{2} + \csc \dfrac{A}{3} + \cdots + \csc \dfrac{A}{n} >$

$$\sec A \csc A + \sec \frac{A}{2} \csc \frac{A}{2} + \sec \frac{A}{3} \csc \frac{A}{3} + \cdots + \sec \frac{A}{n} \csc \frac{A}{n}.$$

证明 因为

$$\sec A + \csc A = \frac{1}{\cos A} + \frac{1}{\sin A} = \frac{\sin A + \cos A}{\sin A \cos A}$$

又因为

$$(\sin A + \cos A)^2 = 1 + \sin 2A > 1$$
$$(0 < 2A < 180°, \sin 2A > 0)$$

所以

$$\sin A + \cos A > 1$$

因为 A 是锐角，$\sin A, \cos A$ 的值都大于 0，所以

$$\sec A + \csc A = \frac{\sin A + \cos A}{\sin A \cos A} > \frac{1}{\sin A \cos A}$$

所以

$$\sec A + \csc A > \sec A \csc A$$

同理

$$\begin{cases} \sec \dfrac{A}{2} + \csc \dfrac{A}{2} > \sec \dfrac{A}{2} \csc \dfrac{A}{2} \\ \vdots \\ \sec \dfrac{A}{n} + \csc \dfrac{A}{n} > \sec \dfrac{A}{n} \csc \dfrac{A}{n} \end{cases}$$

$\left(\text{角} \dfrac{A}{2}, \cdots, \dfrac{A}{n} \text{均为锐角}\right)$

将不等式两边各自相加，即得求证的不等式.

第7章 1957年上海市数学竞赛试题及解答

(二)高中三年级部分

1. 同高中二年级部分第1题.

2. 试求方程 $x = \sqrt{2+\sqrt{2+\sqrt{2+\sqrt{2+x}}}}$ 的正根,并证明只有一个正根.

解 因为原方程与方程 $x = \sqrt{2+x}$ 实质上是完全一样的,因此只要解这个无理方程即可.

因为
$$x^2 = 2+x$$
所以
$$(x-2)(x+1) = 0$$
所以
$$x = 2 \text{ 或 } x = -1$$

因为 $x = -1$ 不符合算术根的意义和本题正根的要求,所以这一方程只有唯一的正根2.

3. 试求适合下列关系式中 x 的实数值范围:$|3x-2| + |3x+1| = 3$.

解 因为
$$|3x-2| + |3x+1| = |2-3x| + |3x+1| = 3$$
而
$$|2-3x+3x+1| = 3$$
所以
$$|2-3x| + |3x+1| = |(2-3x) + (3x+1)|$$
所以 $2-3x$ 与 $3x+1$ 必须同号,或有一个为0.

即
$$\begin{cases} 2-3x \geqslant 0 \\ 3x+1 \geqslant 0 \end{cases}$$

所以
$$\frac{2}{3} \geqslant x \geqslant -\frac{1}{3}$$

或
$$\begin{cases} 2-3x \leqslant 0 \\ 3x+1 \leqslant 0 \end{cases}$$

无解.

所以原式中 x 的实数值范围为 $\frac{2}{3} \geqslant x \geqslant -\frac{1}{3}$.

4. D,C 为以 AB 为直径的半圆上的两点,X 为 AB 上任意一点,试证
$$\tan\angle ACX \cdot \tan\angle BDX = \tan\angle BAC \cdot \tan\angle ABD$$

证明 如图 7.2,联结 BC,AD,并过点 X 作 $XE/\!/AC$ 与 BC 相交于点 E,$XF/\!/BD$ 与 AD 相交于点 F,则
$$\angle ACX = \angle CXE, \angle BAC = \angle BXE$$
$$\angle BDX = \angle DXF, \angle ABD = \angle FXA$$

所以
$$\tan\angle ACX \cdot \tan\angle BDX = \tan\angle CXE \cdot \tan\angle DXF$$
$$= \frac{EC}{XE} \cdot \frac{FD}{FX} \qquad ①$$

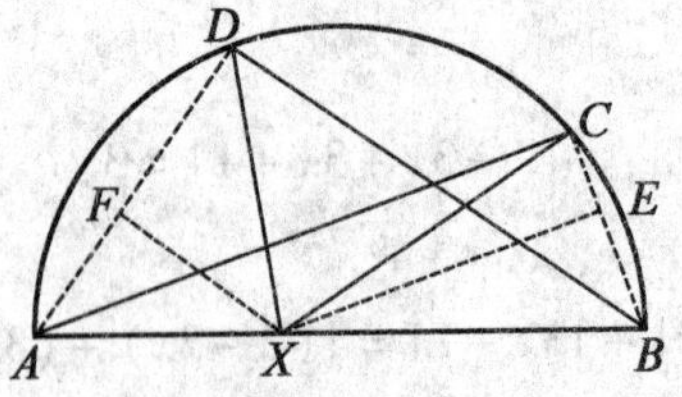

图 7.2

$$\tan\angle BAC \cdot \tan\angle ABD = \tan\angle BXE \cdot \tan\angle FXA$$
$$= \frac{BE}{XE} \cdot \frac{AF}{FX} \qquad ②$$

又因为

$$\frac{EC}{BE} = \frac{AX}{XB} = \frac{AF}{FD}$$

所以

$$EC \cdot FD = BE \cdot AF$$

所以式①、②的右端相等.

所以

$$\tan\angle ACX \cdot \tan\angle BDX = \tan\angle BAC \cdot \tan\angle ABD$$

5. $V-ABC$ 为一个三面角,VD 是面角 BVC 的平分线,证明:(1)若 $\angle AVD < \frac{\pi}{2}$,则 $\frac{\angle AVB + \angle AVC}{2} > \angle AVD$;(2)若 $\angle AVD = \frac{\pi}{2}$,则 $\frac{\angle AVB + \angle AVC}{2} = \angle AVD$;(3)若 $\angle AVD > \frac{\pi}{2}$,则 $\frac{\angle AVB + \angle AVC}{2} < \angle AVD$.

证明 (1)如图 7.3 所示,若 $\angle AVD < \frac{\pi}{2}$,扩展面 AVD,在这个平面内作 VA',使 $\angle A'VD = \angle DVA$,则 $\angle AVA' < \pi$,在三面角 $V-ABD$ 及 $V-A'CD$ 中:

面角 AVD = 面角 $A'VD$,面角 BVD = 面角 CVD

二面角 $A-VD-B$ = 二面角 $A'-VD-C$

故两个三面角 $V-ABD$ 与 $V-A'CD$ 相等.

所以

$$\angle AVB = \angle A'VC$$

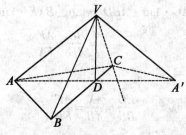

图 7.3

在三面角 $V-AA'C$ 内,$\angle AVC + \angle A'VC > \angle AVA'$ (三面角内任意两个面角之和大于第三个面角),所以

$$\angle AVC + \angle AVB > 2\angle AVD$$

所以

$$\frac{\angle AVB + \angle AVC}{2} > \angle AVD$$

(2)如图 7.4 所示,若 $\angle AVD = \dfrac{\pi}{2}$,扩展面 AVD,在这个平面内作 VA',使 $\angle DVA' = \angle AVD$,则 $\angle AVA' = \pi$,此时 AVA' 成一直线.仿(1)可证得两个三面角 $V-ABD$ 与 $V-A'CD$ 相等. 这里由于 AVA' 是一直线,所以

$$\angle AVC + \angle CVA' = \pi$$

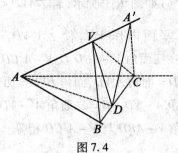

图 7.4

所以
$$\angle AVC + \angle AVB = \pi$$
所以
$$\frac{\angle AVB + \angle AVC}{2} = \frac{\pi}{2} = \angle AVD$$

(3) 如图 7.5 所示，扩展面 AVD，在这个平面内作 VA'，使 $\angle A'VD = \angle DVA$，则 $\angle AVD + \angle DVA' > \pi$.

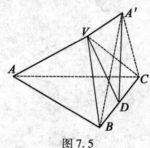

图 7.5

仿(1)可证得两个三面角 $V-ABD$ 与 $V-A'CD$ 相等，所以
$$\angle AVB = \angle A'VC$$
在三面角 $V-ACA'$ 内，面角 $AVA' = 2\pi - 2\angle AVD$，
$$\angle AVC + \angle A'VC + \angle AVA' < 2\pi$$
(三面角内三个面角之和必小于 2π)，即
$$\angle AVC + \angle AVB < 2\angle AVD$$
所以
$$\frac{\angle AVC + \angle AVB}{2} < \angle AVD$$

6. 证明：任何三角形三个内角的平分线的连乘积必小于三边的连乘积.

证明 令 a, b, c 为 $\triangle ABC$ 的三边，t_a, t_b, t_c 为三内

角平分线,如图 7.6 所示,作 △ABC 的外接圆,与 ∠A 的平分线 AD 的延长线相交于点 E,联结 CE,则 △EAC ∽ △BAD,则

$$AB:AE = AD:AC$$
$$AB \cdot AC = AE \cdot AD$$

即
$$bc = t_a(t_a - DE)$$

即
$$bc > t_a^2$$

同理
$$ca > t_b^2, ab > t_c^2$$

所以
$$a^2b^2c^2 > t_a^2 \cdot t_b^2 \cdot t_c^2$$

即
$$abc > t_a \cdot t_b \cdot t_c$$

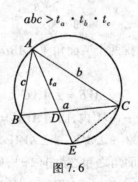

图 7.6

决赛:(一)高中二年级部分

1. 设自然数 $6\,2\alpha\beta\,427$ 为 99 的倍数,求 α, β.

解 因为该自然数是 99 的倍数,所以它一定既是 9 的倍数,又是 11 的倍数. 又假设一个数是 9 的倍数,

则它的各数字之和必为9的倍数,所以
$$6+2+\alpha+\beta+4+2+7=9m(m\text{ 是自然数})$$
即
$$\alpha+\beta+3=9(m-2)=9m' \qquad ①$$
因为
$$0\leqslant\alpha\leqslant 9, 0\leqslant\beta\leqslant 9$$
所以
$$3\leqslant\alpha+\beta+3\leqslant 21$$
由式①知,$\alpha+\beta+3=9$ 或 $\alpha+\beta+3=18$,即
$$\alpha+\beta=6 \qquad ②$$
或
$$\alpha+\beta=15 \qquad ③$$

如果一个数是11的倍数,那么它的奇数位数字之和与偶数位数字之和的差必为0或11的倍数,所以
$$(6+\alpha+4+7)-(2+\beta+2)=11k(k\text{ 为 }0\text{ 或自然数})$$
即
$$\alpha-\beta+13=11k \qquad ④$$
因为
$$0\leqslant\alpha\leqslant 9, 0\leqslant\beta\leqslant 9$$
所以
$$4\leqslant\alpha-\beta+13\leqslant 22$$
即
$$\alpha-\beta=-2 \qquad ⑤$$
或
$$\alpha-\beta=9 \qquad ⑥$$

由方程②③⑤⑥组成方程组,再解 α, β,即

(1) $\begin{cases} \alpha + \beta = 6 \\ \alpha - \beta = -2 \end{cases}$ (2) $\begin{cases} \alpha + \beta = 6 \\ \alpha - \beta = 9 \end{cases}$

(3) $\begin{cases} \alpha + \beta = 15 \\ \alpha - \beta = -2 \end{cases}$ (4) $\begin{cases} \alpha + \beta = 15 \\ \alpha - \beta = 9 \end{cases}$

除由方程组(1)得 $\alpha = 2, \beta = 4$ 外,其他方程组的解均不合题意.

2. 有一块长方形的土地 $ABCD$,被两条直线 EF,GH 分为三部分.现在要把这三部分都调整为长方形,分别与原面积相等,如图 7.7,问作法如何?

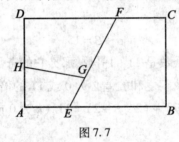

图 7.7

解 如图 7.8(a)所示,(1)过 EF 的中点 M 作 $LN \perp AB$,则 $S_{LNBC} = S_{FEBC}$;

(2)联结 GN,作 $EK \parallel NG$ 交 HG 于点 K,联结 KN,则 $S_{\triangle GKE} = S_{\triangle NKE}$,所以
$$S_{AEGH} = S_{ANKH}$$

(3)联结 HN,作 $KP \parallel HN$ 交 AD 于点 P,联结 NP,则 $S_{\triangle PHN} = S_{\triangle KHN}$,所以
$$S_{\triangle ANP} = S_{ANKH}$$

(4)过 AP 的中点 Q 作 $QR \parallel AN$,则 $S_{AQRN} = S_{\triangle ANP} = S_{AEGH}$.

所作图形如图7.8(b)所示.

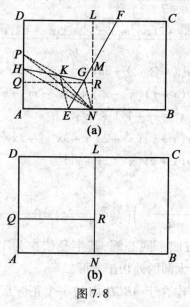

图 7.8

3. 设 $x+y+z=0$,求证

$$\left(\frac{x^2+y^2+z^2}{2}\right)\left(\frac{x^5+y^5+z^5}{5}\right)=\frac{x^7+y^7+z^7}{7}$$

证明 因为

$$x+y+z=0$$

所以

$$z=-(x+y)$$

左端 $=\dfrac{x^2+y^2+(x+y)^2}{2} \cdot \dfrac{x^5+y^5-(x+y)^5}{5}$

$=\dfrac{2(x^2+xy+y^2)}{2} \cdot \dfrac{[-5(x^4y+2x^3y^2+2x^2y^3+xy^4)]}{5}$

$=-xy(x+y)(x^2+xy+y^2)^2$

右端 $= \dfrac{x^7 + y^7 - (x+y)^7}{7}$

$= -\dfrac{7x^6y + 21x^5y^2 + 35x^4y^3 + 35x^3y^4 + 21x^2y^5 + 7xy^6}{7}$

$= -xy[(x^5+y^5) + 3xy(x^3+y^3) + 5x^2y^2(x+y)]$

$= -xy(x+y)[x^4 - x^3y + x^2y^2 - xy^3 + y^4 +$
$\quad 3xy(x^2 - xy + y^2) + 5x^2y^2]$

$= -xy(x+y)(x^4 + 2x^3y + 3x^2y^2 + 2xy^3 + y^4)$

$= -xy(x+y)(x^2 + xy + y^2)^2$

所以

$$\left(\dfrac{x^2+y^2+z^2}{2}\right)\left(\dfrac{x^5+y^5+z^5}{5}\right) = \dfrac{x^7+y^7+z^7}{7}$$

4. 设有四个同心圆，其半径依次为 $1,2,3,4$，且 $ABCD$ 是最大圆的外切正方形．

(1)求作含于 $ABCD$ 内的一个正方形，使它的四条边分别与四个圆相切，且与 $ABCD$ 的四条边平行或重合．

(2)这样的正方形可作多少个？

解 作平行于 AB 与 BC 的各圆的切线，并按照所切圆半径的大小分别标以 $1,2,3,4$ 等符号，同时按照在各圆的左、右、上、下分别在这些符号的右方标以 a，b,c,d 等符号．

这样以 $1,2,3,4$ 等四条线所围的正方形即为所求的正方形，如图 7.9 所示．

现在来研究下面几种情况：

第7章 1957年上海市数学竞赛试题及解答

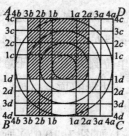

图 7.9

① 其中边长为 1 的各切线依左、右、上、下排列有 8 个:$1a,2a,3d,4d;1a,2a,4c,3c;2b,1b,3d,4d;2b,1b,4c,3c;3a,4a,1d,2d;3a,4a,2c,1c;4b,3b,1d,2d;4b,3b,2c,1c.$

② 其中边长为 2 的各切线依左、右、上、下排列也有 8 个:$1a,3a,2d,4d;1a,3a,4c,2c;3b,1b,2d,4d;3b,1b,4c,2c;2a,4a,1d,3d;2a,4a,3c,1c;4b,2b,1d,3d;4b,2b,3c,1c.$

③ 其中边长为 3 的切线是不可能的,因假定先用 $1a$,$4a$ 两边,则其余两边必为 2,3,不论其标 c,d 如何安排,其距离绝不能等于 3. 要是假定其他两边,也一样不可能,所以没有边长为 3 的适合条件的正方形.

④ 其中边长为 4 的切线,同样是不可能的.

⑤ 其中边长为 5 的各切线依左、右、上、下排列共有 8 个:$1b,4a,2c,3d;1b,4a,3c,2d;4b,1a,2c,3d;4b,1a,3c,2d;2b,3a,1c,4d;2b,3a,4c,1d;3b,2a,1c,4d;3b,2a,4c,1d.$

⑥ 其中边长为 6 或 6 以上的切线同样是不可能的.

所以,这样的正方形共有 24 个,即 $4!$ 个.

5.（1）在任意 $\triangle ABC$ 内，如三边长为 a,b,c，求证
$$a^2 = b^2 + c^2 - 2bc\cos A$$

（2）设 P 为单位圆圆周上的任意一点，$A_1,A_2,\cdots,A_n$ 为圆的内接正 n 边形的顶点．求证：$PA_1^2 + PA_2^2 + \cdots + PA_n^2$ 是常数．

证明 （1）①如图 7.10（a）所示，当 $\angle A < 90°$ 时，有
$$\begin{aligned} a^2 &= b^2 + c^2 - 2cp \\ &= b^2 + c^2 - 2bc\frac{p}{b} \\ &= b^2 + c^2 - 2bc\cos A \end{aligned}$$

②如图 7.10（b）所示，当 $\angle A = 90°$ 时，有 $\cos A = 0$，则
$$\begin{aligned} a^2 &= b^2 + c^2 \\ &= b^2 + c^2 - 2bc\cos A \end{aligned}$$

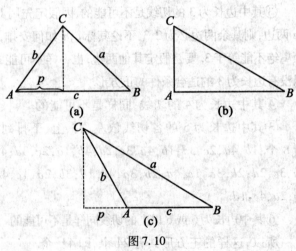

图 7.10

③如图7.10(c)所示,当$\angle A > 90°$时,有
$$a^2 = b^2 + c^2 + 2cp$$
$$= b^2 + c^2 + 2bc\frac{p}{b}$$
$$= b^2 + c^2 + 2bc\cos(180° - A)$$
$$= b^2 + c^2 - 2bc\cos A$$

所以,在任意三角形内,均有 $a^2 = b^2 + c^2 - 2bc\cos A$.

(2)由(1)在$\triangle PA_1O$内,令$\angle POA_1 = \alpha$,$PO = A_1O = R = 1$,如图7.11所示,则
$$PA_1^2 = PO^2 + A_1O^2 - 2PO \cdot A_1O\cos\angle POA_1 = 2 - 2\cos\alpha$$

图 7.11

在$\triangle PA_2O$内,$\angle POA_2 = \alpha + \frac{2\pi}{n}$,则
$$PA_2^2 = 2 - 2\cos\left(\alpha + \frac{2\pi}{n}\right)$$

同理
$$PA_3^2 = 2 - 2\cos\left(\alpha + \frac{4\pi}{n}\right)$$
$$\vdots$$
$$PA_n^2 = 2 - 2\cos\angle POA_n = 2 - 2\cos\left[\alpha + \frac{(n-1)2\pi}{n}\right]$$

所以
$$PA_1^2 + PA_2^2 + PA_3^2 + \cdots + PA_n^2$$
$$= 2n - 2\left\{\cos\alpha + \cos\left(\alpha + \frac{2\pi}{n}\right) + \cos\left(\alpha + \frac{4\pi}{n}\right) + \cdots + \cos\left[\alpha + \frac{(n-1)2\pi}{n}\right]\right\}$$
$$= 2n - 2S$$
$$\left(令 \cos\alpha + \cos\left(\alpha + \frac{2\pi}{n}\right) + \cdots + \cos\left[\alpha + \frac{(n-1)2\pi}{n}\right] = S\right)$$

利用积化和差法可求出 S.

因为
$$2\cos\alpha \sin\frac{\pi}{n} = \sin\left(\alpha + \frac{\pi}{n}\right) - \sin\left(\alpha - \frac{\pi}{n}\right)$$
$$2\cos\left(\alpha + \frac{2\pi}{n}\right)\sin\frac{\pi}{n} = \sin\left(\alpha + \frac{3\pi}{n}\right) - \sin\left(\alpha + \frac{\pi}{n}\right)$$
$$\vdots$$
$$2\cos\left[\alpha + \frac{(n-1)2\pi}{n}\right]\sin\frac{\pi}{n}$$
$$= \sin\left[\alpha + \frac{(2n-1)\pi}{n}\right] - \sin\left[\alpha + \frac{(2n-3)\pi}{n}\right]$$

等式两边各自相加得
$$2\sin\frac{\pi}{n} \cdot S = 2\sin\frac{\pi}{n}\left\{\cos\alpha + \cos\left(\alpha + \frac{2\pi}{n}\right) + \cdots + \cos\left[\alpha + \frac{(n-1)2\pi}{n}\right]\right\}$$
$$= \sin\left[\alpha + \frac{(2n-1)\pi}{n}\right] - \sin\left(\alpha - \frac{\pi}{n}\right)$$
$$= 2\cos\left[\alpha + \frac{(n-1)\pi}{n}\right]\sin\pi = 0$$

所以
$$S = 0$$
所以
$$PA_1^2 + PA_2^2 + PA_3^2 + \cdots + PA_n^2 = 2n$$

(二) 高中三年级部分

1. 同高中二年级部分第 1 题.

2. 同高中二年级部分第 2 题.

3. 设 a 是大于 2 的整数,b 是一个合数 ($b>0$). 如有 r 个不同的正整数能整除 b,求证:至少有 r 个不同的正整数能整除 $a^b - 1$.

证明 设正整数 p 是 b 的一个约数,则
$$b = p \cdot q$$
$$a^b - 1 = a^{p \cdot q} - 1 = (a^p)^q - 1$$
$$= (a^p - 1)\left[(a^p)^{q-1} + (a^p)^{q-2} + \cdots + 1\right]$$

因 a 为大于 2 的整数,故 $a^p - 1$ 为大于 1 的正整数.

所以,正整数 $a^p - 1$ 是 $a^b - 1$ 的一个约数.

所以,对应于每一个能整除 b 的正整数 p,必至少有一个正整数 $a^p - 1$ 能整除 $a^b - 1$ (上面分解出来的因数,未必都是质数,如果是合数就还可分解,因此只能说至少有一个约数)

所以,如有 r 个不同的正整数能整除 b,则必至少有 r 个不同的正整数能整除 $a^b - 1$.

4. 求证:单位圆的内接任意 n 边形的面积不大于 $\dfrac{n}{2} \sin \dfrac{2\pi}{n}$.

证明 单位圆的内接正 n 边形的面积

$$S = n \cdot \frac{1}{2} R^2 \sin \frac{2\pi}{n} = \frac{n}{2} \sin \frac{2\pi}{n}$$

如图 7.12 所示,如 A,B,C 是圆内接任意 n 边形的三个相邻顶点,取 $\overset{\frown}{AC}$ 的中点 B',联结 AB',$B'C$,则 $S_{\triangle ABC} \leqslant S_{\triangle AB'C}$,推广得,单位圆内任意 n 边形的面积小于或等于单位圆内接正 n 边形的面积.

所以,单位圆内接任意 n 边形的面积不大于 $\frac{n}{2} \sin \frac{2\pi}{n}$.

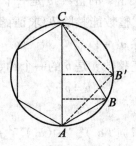

图 7.12

5. 设 $A_1,A_2,A_3,\cdots$ 是直线上的一列点,如图 7.13 所示,A_1A_2 的长是 1,A_{n+2} 是线段 A_nA_{n+1} 上的一点,且 $A_nA_{n+2} : A_{n+2}A_{n+1} = A_{n+2}A_{n+1} : A_{n+1}A_n$,其中 $n = 1, 2, 3, \cdots$,求证:$A_1A_2, A_1A_3, A_1A_4, \cdots$ 的长所成的数列有极限,且此极限是 $\frac{\sqrt{5}-1}{2}$.

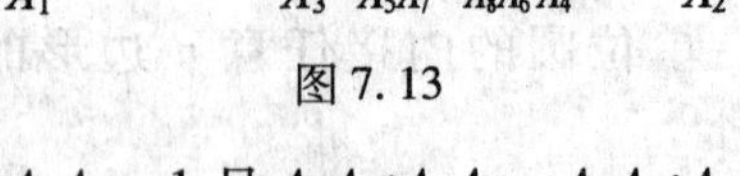

$\underset{A_1 \qquad\qquad A_3 \ \ A_5 A_7 \cdots A_8 A_6 A_4 \qquad\qquad A_2}{\rule{8cm}{0.4pt}}$

图 7.13

证明 $A_1A_2 = 1$ 且 $A_1A_3 : A_3A_2 = A_3A_2 : A_2A_1$,即 A_3 把

A_2A_1 黄金分割,而 A_2A_3 是 A_1A_3 与 A_2A_1 的比例中项,所以

$$(1-A_3A_2):A_3A_2 = A_3A_2:1$$

由 $A_3A_2^2 + A_3A_2 - 1 = 0$,求得

$$A_3A_2 = \frac{\sqrt{5}-1}{2}$$

同理可得

$$A_2A_3 = \frac{\sqrt{5}-1}{2}, A_3A_4 = \left(\frac{\sqrt{5}-1}{2}\right)^2, A_4A_5 = \left(\frac{\sqrt{5}-1}{2}\right)^3, \cdots,$$

$A_{n+1}A_{n+2} = \left(\frac{\sqrt{5}-1}{2}\right)^n.$

又因

$$A_1A_2 = 1$$

所以

$$A_1A_3 = A_1A_2 - A_3A_2 = 1 - \frac{\sqrt{5}-1}{2}$$

$$A_1A_4 = A_1A_3 + A_3A_4 = 1 - \frac{\sqrt{5}-1}{2} + \left(\frac{\sqrt{5}-1}{2}\right)^2$$

$$A_1A_5 = A_1A_4 - A_5A_4 = 1 - \frac{\sqrt{5}-1}{2} + \left(\frac{\sqrt{5}-1}{2}\right)^2 - \left(\frac{\sqrt{5}-1}{2}\right)^3$$

$$\vdots$$

$$A_1A_{n+2} = 1 - \frac{\sqrt{5}-1}{2} + \left(\frac{\sqrt{5}-1}{2}\right)^2 - \left(\frac{\sqrt{5}-1}{2}\right)^3 + \cdots + (-1)^n\left(\frac{\sqrt{5}-1}{2}\right)^n$$

这是一个公比为 $-\frac{\sqrt{5}-1}{2}$ 的等比级数. 因

$\left|-\dfrac{\sqrt{5}-1}{2}\right|<1$,故当项数无限增加时,它必趋向于一个常数,亦即数列 $A_1A_2, A_1A_3, A_1A_4, \cdots$ 有极限,且此极限为

$$\dfrac{1}{1-\left(-\dfrac{\sqrt{5}-1}{2}\right)}=\dfrac{1}{\dfrac{\sqrt{5}+1}{2}}=\dfrac{\sqrt{5}-1}{2}$$

6. 已知四面体 $ABCD$,设 E,F 分别是 AB 及 AC 边上的一点,使 $S_{\triangle AEF}>\dfrac{1}{2}S_{\triangle ABC}$,在 AD 上求一点 G,使四面体 $AEFG$ 的体积等于四面体 $ABCD$ 体积的一半.

解 如图 7.14(a)所示,若 G 是所求的点,作 DD' 与 GG' 垂直于平面 ABC,垂足分别为点 D', G',则点 D' 与点 G' 必与点 A 共线.

因为

$$DD' /\!/ GG'$$

所以

$$\triangle AGG' \backsim \triangle ADD'$$

所以

$$\dfrac{GG'}{DD'}=\dfrac{AG}{AD}$$

又

$$\dfrac{S_{\triangle AEF}}{S_{\triangle ABC}}=\dfrac{AE\cdot AF}{AB\cdot AC}$$

因为 $\angle A$ 是公共角,所以

$$\dfrac{V_{AEFG}}{V_{ABCD}}=\dfrac{S_{\triangle AEF}\cdot GG'}{S_{\triangle ABC}\cdot DD'}$$

$$=\dfrac{AE\cdot AF}{AB\cdot AC}\cdot\dfrac{AG}{AD}=\dfrac{1}{2}$$

第7章 1957年上海市数学竞赛试题及解答

所以
$$AG = \frac{AB \cdot AC \cdot AD}{2AE \cdot AF}$$

因为
$$S_{\triangle AEF} > \frac{1}{2} S_{\triangle ABC}$$

所以
$$AE \cdot AF > \frac{1}{2} AB \cdot AC$$

所以
$$AG < AD$$

如图 7.14(b)所示,由于右端的各线段都是定长,故 AG 可以作出,设
$$x = \frac{AB \cdot AC}{2AE}, y = \frac{x \cdot AD}{AF}$$

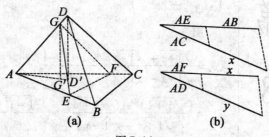

图 7.14

在 AD 上截取 $AG = y$,则 G 是所求的点.

1957年北京市数学竞赛试题及解答

高中二年级试题

1. 若 $0 < x < 1$，化简

$$\left(\frac{\sqrt{1+x}}{\sqrt{1+x}-\sqrt{1-x}} + \frac{1-x}{\sqrt{1-x^2}+x-1}\right) \cdot \left(\sqrt{\frac{1}{x^2}-1} - \frac{1}{x}\right)$$

解

$$\text{原式} = \frac{\sqrt{1+x}+\sqrt{1-x}}{\sqrt{1+x}-\sqrt{1-x}} \cdot \frac{\sqrt{1-x^2}-1}{x}$$

$$= \frac{(\sqrt{1+x})^2 - (\sqrt{1-x})^2}{(\sqrt{1+x}-\sqrt{1-x})^2} \cdot \frac{\sqrt{1-x^2}-1}{x}$$

$$= \frac{2x}{2 - 2\sqrt{1-x^2}} \cdot \frac{\sqrt{1-x^2}-1}{x} = -1$$

2. 已知 $\tan\alpha$ 及 $\tan\beta$ 为 $x^2 + px + q = 0$ 的两根，求 $\sin^2(\alpha+\beta) + p\sin(\alpha+\beta)\cdot\cos(\alpha+\beta) + q\cos^2(\alpha+\beta)$ 的值.

解 由根与系数的关系得

$$\tan\alpha + \tan\beta = -p \text{ 和 } \tan\alpha \cdot \tan\beta = q$$

得

$$\tan(\alpha+\beta) = \frac{-p}{1-q}$$

故所求值为

$$\sin^2(\alpha+\beta) + p\sin(\alpha+\beta)\cos(\alpha+\beta) + q\cos^2(\alpha+\beta)$$
$$= \cos^2(\alpha+\beta)[\tan^2(\alpha+\beta) + p\tan(\alpha+\beta) + q]$$
$$= \frac{1}{1+\tan^2(\alpha+\beta)}[\tan^2(\alpha+\beta) + p\tan(\alpha+\beta) + q]$$
$$= \frac{1}{1+\frac{p^2}{(1-q)^2}}\left\{\left[\frac{p^2}{(1-q)^2} - \frac{p^2}{1-q}\right] + q\right\}$$
$$= q$$

3. 设 $ABCD$ 为圆内接四边形,如图 8.1 所示,对角线 AC 平分 BD 于点 E. 试证

$$AB^2 + BC^2 + CD^2 + DA^2 = 2AC^2$$

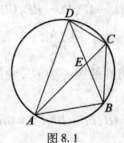

图 8.1

证明 因为

$$\triangle AEB \backsim \triangle DEC, \triangle AED \backsim \triangle BEC$$

所以

$$AB:DC = BE:CE, AD:BC = DE:CE$$

由 $BE = DE$ 得 $AB:DC = AD:BC$,即

$$AB \cdot BC = AD \cdot DC$$

再由余弦公式得

$$AB^2 + BC^2 = AC^2 + 2AB \cdot BC\cos\angle ABC$$
$$AD^2 + DC^2 = AC^2 + 2AD \cdot DC\cos\angle ADC$$

由于

$$\angle ABC + \angle ADC = \pi$$

所以

$$\cos\angle ABC = -\cos\angle ADC$$

故得

$$AB^2 + BC^2 + CD^2 + DA^2 = 2AC^2$$

4. 若一 $Rt\triangle ABC$ 的外接圆半径为 R,其内切圆半径为 r,与斜边相切的旁切圆半径为 t,若 R 为 r 及 t 的比例中项,求证:$Rt\triangle ABC$ 为等腰直角三角形.

证明 如图 8.2 所示,设 $Rt\triangle ABC$ 的斜边为 c,直角边为 a,b,设内切圆的圆心为 O,半径为 r,三个切点为 D,E,F,易知 $AE=AF,BD=BE,CD=CF=r$,所以

$$r = \frac{a+b-c}{2}$$

其次,设旁切圆的圆心为 O',半径为 t,三个切点为 G,H,I,同样有

$$AI=AH, BG=BI, CG=CH=t$$

所以

$$t = \frac{a+b+c}{2}$$

因此

$$R^2 = rt = \frac{(a+b)^2 - c^2}{4}$$

第 8 章　1957 年北京市数学竞赛试题及解答

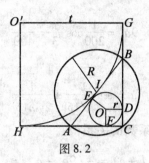

图 8.2

因为
$$R^2 = \left(\frac{c}{2}\right)^2 = \frac{c^2}{4}$$

所以
$$a^2 + b^2 = c^2 = (a+b)^2 - c^2 = (a^2 + b^2 - c^2) + 2ab = 2ab$$

即
$$(a-b)^2 = 0$$

从而
$$a = b$$

证毕.

5. 设方程 $x^4 + \frac{1}{3}\sin\alpha \cdot x^2 + \frac{1}{200}\cos\frac{\pi}{3} = 0$ 的四根成等差数列,其中 α 在 0 与 2π 之间,求 α,并求此四根的值.

解 x^2 有两个解 b 与 c,$x = \pm\sqrt{b}$,$\pm\sqrt{c}$. 因四根成等差数列,而它们的算术平均数等于零. 如果以正数 $2a$ 为它们的公差,那么,这四个数应该是 $-3a, -a, a, 3a$,这里 $\pm a$ 是 $\pm\sqrt{b}$ 与 $\pm\sqrt{c}$ 中绝对值较小的一对,$\pm 3a$ 是另一对.

由四根之积

$$9a^4 = \frac{1}{200}\cos\frac{\pi}{3} = \frac{1}{400}$$

得

$$a = \pm\frac{1}{2\sqrt{15}} \pm \frac{i}{2\sqrt{15}}$$

比较根与系数的关系得

$$\frac{1}{3}\sin\alpha = -(b+c) = -(9a^2 + a^2) = -10a^2 = \pm\frac{1}{6}$$

所以

$$\sin\alpha = \pm\frac{1}{2}$$

因为

$$0 \leq \alpha \leq 2\pi$$

所以

$$\alpha = \frac{\pi}{6}, \frac{5\pi}{6}, x = \pm\frac{i}{2\sqrt{15}}, \pm\frac{3i}{2\sqrt{15}}$$

$$\alpha = \frac{7\pi}{6}, \frac{11\pi}{6}, x = \pm\frac{1}{2\sqrt{15}}, \pm\frac{3}{2\sqrt{15}}$$

6. 假设 x, y, z 都是实数，又知它们满足

$$x + y + z = a, x^2 + y^2 + z^2 = \frac{a^2}{2}(a > 0)$$

试证：x, y, z 既不能都是负数，也不能都大于 $\frac{2}{3}a$。

证法 1 因为

$$x^2 + y^2 + z^2 = \frac{a^2}{2} = \frac{1}{2}(x+y+z)^2$$

所以

$$x^2 + y^2 + z^2 = 2(xy + yz + zx)$$

第8章 1957年北京市数学竞赛试题及解答

或
$$(x-y)^2 + z^2 = 2z(x+y)$$

假定 $z<0$，由上式则有 $x+y<0$，从而 $(x+y)+z=a<0$，这与题设矛盾，所以 $z \geq 0$，同理 x,y 也不能是负数.

现在令 $x = \frac{2}{3}a - x, y = \frac{2}{3}a - y, z = \frac{2}{3}a - z$.

代入原式得
$$x+y+z = a, x^2+y^2+z^2 = \frac{a^2}{2}$$

再根据前段证明的结果，知 $x,y,z \geq 0$，即
$$0 \leq x \leq \frac{2}{3}a, 0 \leq y \leq \frac{2}{3}a, 0 \leq z \leq \frac{2}{3}a$$

证法2 将 $z = a-(x+y)$ 代入假设的第二式即得
$$x^2+y^2+(x+y)^2 - 2a(x+y) + a^2 = \frac{a^2}{2}$$

按 y 的幂次排列除以 2，即有
$$y^2 + (x-a)y + \left(x - \frac{a}{2}\right)^2 = 0$$

因 y 是实数，故 $\Delta \geq 0$，即
$$(x-a)^2 - 4\left(x-\frac{a}{2}\right)^2 \geq 0$$

即
$$x(2a-3x) \geq 0$$

从而
$$0 \leq x \leq \frac{2}{3}a$$

同理可得

$$0 \leq y \leq \frac{2}{3}a, 0 \leq z \leq \frac{2}{3}a$$

本题得证.

高中三年级第一试试题

1. 试题和解答同高中二年级试题第 1 题.
2. 试题和解答同高中二年级试题第 3 题.
3. 解方程:$x^4 + (x-4)^4 = 626$.

解 令 $y = x - 2$,则原方程变为
$$(y+2)^4 + (y-2)^4 = 626$$
即
$$y^4 + 24y^2 - 297 = 0$$

解得 $y^2 = 9$,-33,从而 $y = \pm 3$,$\pm \sqrt{33}$i.

代入 $x = y + 2$ 即得原方程的两个实根与两个虚根
$$5, -1, 2 + \sqrt{33}\text{i}, 2 - \sqrt{33}\text{i}$$

4. 设 $A + B + C = \pi$, $\sin A - \sin B = \sin B - \sin C$.

求证:$\cot \dfrac{A}{2} \cot \dfrac{C}{2} = 3$.

证明
$$2\sin \frac{A+C}{2} \cos \frac{A+C}{2}$$
$$= 2\sin \frac{B}{2} \cos \frac{B}{2} = \sin B$$
$$= \frac{1}{2}(\sin A + \sin C)$$
$$= \sin \frac{A+C}{2} \cos \frac{A-C}{2}$$

$$2\cos\frac{A}{2}\cos\frac{C}{2} - 2\sin\frac{A}{2}\sin\frac{C}{2}$$

$$= 2\cos\frac{A+C}{2}$$

$$= \cos\frac{A-C}{2}$$

$$= \cos\frac{A}{2}\cos\frac{C}{2} + \sin\frac{A}{2}\sin\frac{C}{2}$$

所以 $\cos\frac{A}{2}\cos\frac{C}{2} = 3\sin\frac{A}{2}\sin\frac{C}{2}$

所以 $\cot\frac{A}{2}\cot\frac{C}{2} = 3$

高中三年级第二试试题

1. 求 $\frac{2}{3!} + \frac{3}{4!} + \frac{4}{5!} + \cdots + \frac{19}{20!}$ 的近似数值，精确到第三位小数．

解 应用 $\frac{n-1}{n!} = \frac{n}{n!} - \frac{1}{n!} = \frac{1}{(n-1)!} - \frac{1}{n!}$.

我们有

$$a = \frac{2}{3!} + \frac{3}{4!} + \frac{4}{5!} + \cdots + \frac{19}{20!}$$

$$= \left(\frac{1}{2!} - \frac{1}{3!}\right) + \left(\frac{1}{3!} - \frac{1}{4!}\right) + \cdots + \left(\frac{1}{19!} - \frac{1}{20!}\right)$$

$$= \frac{1}{2} - \frac{1}{20!}$$

$$\approx 0.500$$

2. 求下列方程组的整数解：$\begin{cases} x^{x+y} = y^{60} \\ y^{x+y} = x^{15} \end{cases}$.

解法1 当 $x<0$ 时，由 $x^{x+y} = y^{60} > 0$ 知 $x+y$ 必为偶数，于是 $y^{x+y} > 0$，这与 $y^{x+y} = x^{15} < 0$ 矛盾，因此，这时方程无解.

当 $x=0$ 时，$y^y = 0$ 无解，原方程无解.

现在 $x > 0$，$y^2 > 0$，可取对数有

$$\begin{cases} (x+y)\lg x = 30\lg y^2 \\ (x+y)\lg y^2 = 30\lg x \end{cases}$$

由此得

$$(\lg x)^2 = (\lg y^2)^2$$

从而

$$\lg x = \lg y^2 = 0 \qquad ①$$

或者

$$\begin{cases} \lg x = \lg y^2 \neq 0 \\ x + y = 30 \end{cases} \qquad ②$$

或者

$$\begin{cases} \lg x = -\lg y^2 \neq 0 \\ x + y = -30 \end{cases} \qquad ③$$

由式①得

$$\begin{cases} x = 1 \\ y = \pm 1 \end{cases}$$

由式②得

$$\begin{cases} x = y^2 \\ x + y = 30 \end{cases}$$

解得

80

$$\begin{cases} y=5 \\ x=25 \end{cases} \text{和} \begin{cases} y=-6 \\ x=36 \end{cases}$$

由式③得

$$\begin{cases} x=y^{-2} \\ x+y=-30 \end{cases}$$

无整数解.

故原方程组共有四组整数解

$$\begin{cases} x=1 \\ y=1 \end{cases}, \begin{cases} x=1 \\ y=-1 \end{cases}, \begin{cases} x=25 \\ y=5 \end{cases}, \begin{cases} x=36 \\ y=-6 \end{cases}$$

解法 2 $y^{(x+y)^2} = x^{15(x+y)} = (y^{60})^{15} = y^{900}$

因此

$$y = \pm 1$$

或者

$$(x+y)^2 = 900$$

即

$$x+y = \pm 30$$

以 $y = \pm 1$ 代入第二式,有

$$(\pm 1)^{x \pm 1} = x^{15}, |x| = 1$$

但 $x=-1$ 不是解,而 $x=1, y=\pm 1$ 是方程的两组整数解.

当 $x+y=-30$ 时,由第一式得 $x=y^{-2}$,代回 $x+y=-30$ 有 $y^3+30y^2+1=0$,此时 y 无整数解.

当 $x+y=30$ 时,用 $x=y^2$ 代回原式,有 $y^2+y-30=0$,即有

$$y=5 \text{ 及 } y=-6$$

相应地 $x=25, x=36$ 又为两组整数解.

故原方程有四组整数解：

$$\begin{cases}x=1\\y=1\end{cases},\begin{cases}x=1\\y=-1\end{cases},\begin{cases}x=25\\y=5\end{cases},\begin{cases}x=36\\y=-6\end{cases}$$

3. 方程 $\sin^2 A + \sin^2 B + \sin^2 C = 1$ 中设 A, B, C 都是锐角，求证

$$\frac{\pi}{2} \leqslant A + B + C \leqslant \pi^{①}$$

证明 由题设

$$\begin{aligned}\sin^2 A &= 1 - \sin^2 B - \sin^2 C = \cos^2 B - \sin^2 C\\&= \cos^2 B - \sin^2 C \cos^2 B + \sin^2 C \cos^2 B - \sin^2 C\\&= \cos^2 B \cos^2 C - \sin^2 C \sin^2 B\\&= (\cos B \cos C - \sin C \sin B) \cdot\\&\quad (\cos B \cos C + \sin C \sin B)\\&= \cos(B+C)\cos(B-C)\end{aligned}$$

现 $\angle B$ 和 $\angle C$ 都是锐角，故 $\cos(B-C) > 0$，从而 $\cos(B+C) \geqslant 0$，即 $B+C$ 也是锐角，因此 $A+B+C \leqslant \pi$.

---

① $A+B+C \leqslant \pi$ 可改为 $A+B+C < \frac{3}{4}\pi$，这是因为只要在题中把所得的 $B+C \leqslant \frac{\pi}{2}$，及同理所得的 $C+A \leqslant \frac{\pi}{2}$，$A+B \leqslant \frac{\pi}{2}$ 三者相加，即得 $A+B+C \leqslant \frac{3}{4}\pi$，而等号当且仅当 $A=B=C=\frac{\pi}{4}$ 时成立，但此时

$$\sin^2 A + \sin^2 B + \sin^2 C = 3\sin^2\frac{\pi}{4} = \frac{3}{2} \neq 1$$

不合题意.

又因 $\angle B, \angle C$ 是锐角,当有 $\cos(B-C) \geqslant \cos(B+C)$,即
$$\sin^2 A = \cos(B-C)\cos(B+C) \geqslant \cos^2(B+C)$$
$$= \sin^2\left(\frac{\pi}{2} - B - C\right)$$

但 A 与 $B+C$ 是锐角,即有
$$\sin A \geqslant \sin\left(\frac{\pi}{2} - B - C\right)$$

从而
$$A \geqslant \frac{\pi}{2} - B - C$$

即
$$A + B + C \geqslant \frac{\pi}{2}$$

4. π 是圆周率,试证:$3.1 < \pi < 4$.

证明 半径为 1 的圆的面积为
$$A = \pi \cdot 1^2 = \pi$$

该圆的外切正方形的面积为
$$F = 2^2 = 4$$

如图 8.3 所示,圆的内接正 24 边形的面积为 $S_{24} = 24 \times$(以圆心为顶点,夹角为 $15°$,腰长为 1 的等腰三角形的面积),即

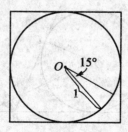

图 8.3

$$24 \times \frac{1}{2}\sin 15° = 12\sin\frac{30°}{2}$$

$$= 12\sqrt{\frac{1-\cos 30°}{2}}$$

$$= 12\sqrt{\frac{1-\frac{\sqrt{3}}{2}}{2}} > 6\sqrt{2-1.73}$$

$$= 0.6\sqrt{27} > 0.6 \times 3 \times 1.73$$

$$= 3.114 > 3.1$$

因为

$$S_{24} < A < F$$

所以

$$3.1 < \pi < 4$$

5. 设 A 为圆 O 外一点. 试叙述如何在直线 OA 上求一点 P, 使得在通过点 P 的切线上, 在切点与 P 之间的线段之长等于 PA 的 k 倍(k 为正整数).

作法 1 如图 8.4 所示, 过点 A 作垂线, 在垂线上取一点 B, 使 $AB = \dfrac{r}{k}$(r 为半径), 再由点 B 作圆 O 的切线 BT, 交 OA 于点 P, 此即所求.

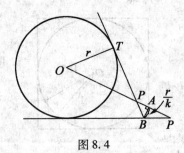

图 8.4

证明 因为 $\triangle PTO \sim \triangle PAB$,所以

$$PT:PA = TO:AB = r:\frac{r}{k} = k$$

分析 记圆 O 的半径为 $r, OA = a, OP = x$,易见

$$TP = \sqrt{OP^2 - OT^2} = \sqrt{x^2 - r^2}$$

按题设

$$TP = kAP = k(OA - OP) = k(a - x)$$

所求线段 x 必满足方程

$$k(a - x) = \sqrt{x^2 - r^2}$$

即

$$(k^2 - 1)x^2 - 2k^2 ax + (k^2 a^2 + r^2) = 0$$

① 若 $k > 1$,则

$$x = \frac{k^2 a \pm \sqrt{k^2 a^2 - k^2 r^2 + r^2}}{k^2 - 1}$$

② 若 $k = 1$,则

$$x = \frac{a^2 + r^2}{2a} = \frac{a}{2} + \frac{r^2}{2a}$$

作法2 由已知线段 r 和 a,用圆规和直尺容易作出长度为 x 的线段. 以 O 为圆心,x 为半径作圆,交 OA 于一点 P,如图 8.5 所示,此即所求.

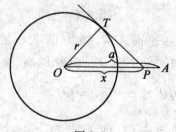

图 8.5

讨论 此题一般有两个解，一个解为 P 在线段 OA 上，另一个解为 P' 在 OA 的延长线上．

6. 如图 8.6(a)所示，长方体 $ABDC-A'B'D'C'$ 是一个六面封闭的水箱，已知 $AA'=7$ 寸（1 寸 $=\dfrac{1}{30}$ 米），$AB=5$ 寸，$AC=4$ 寸．因为使用过久，在棱 AA'，CC'，AB 上各有一个小孔，图里的点 P,Q,R 是小孔的位置，已经量得 $AR=3$ 寸，$AP=2$ 寸，$CQ=1$ 寸，问这个水箱最多还能盛多少水（水箱不必平放）？

解 如图 8.6(b)所示，作由 P,Q,R 三点所决定的平面，交 CD 于点 Q'，交 AC 的延长线于点 F．易见点 F 为 PQ,AC,RQ' 三直线的交点．设所求容量为 V^*（立方寸），整个水箱的体积为 V（立方寸），截去三棱台 $APR-CQQ'$ 的体积为 V_O（立方寸），则 $V^*=V-V_O$．

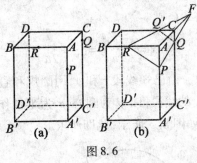

图 8.6

因为 $FA\perp$ 平面 APR，所以 AF 为三棱锥 $F-APR$ 的高，同样 CF 为三棱锥 $F-CQQ'$ 的高．按照题目所给数据，由 $\triangle CQQ'\backsim\triangle APR$，知 $CQ'=\dfrac{3}{2}$ 寸，由 $\triangle FCQ\backsim\triangle FAP$，知 $FC=\dfrac{1}{2}FA$，即 $FC=AC=4$ 寸，从而 $FA=$

8寸. 于是

$$V_0 = V_{F-APR} - V_{F-CQQ'}$$

$$= \frac{1}{3} FA \cdot S_{\triangle APR} - \frac{1}{3} FC \cdot S_{\triangle CQQ'}$$

$$= \left(\frac{1}{3} \times 3 \times 8\right) - \left(\frac{1}{3} \times \frac{3}{4} \times 4\right) = 7(立方寸)$$

$$V = 7 \times 4 \times 5 = 140(立方寸)$$

故得 $V^* = 140 - 7 = 133$ 立方寸,即为所求盛水的最大容积.

7. 在空间已给两条平行直线,并在此两条平行线所决定的平面以外给定一点,要求只用直尺[①]过此点作一直线与两条平行线平行.

作法 如图8.7所示,在此两平行线 l_1 和 l_2 上分别取两点 A,B 和 C,D,使得联结 AC 与 BD 交于一点 E(即 AC 不平行于 BD). 设给定点 P,联结 PA,PC,在 PC 上任意取一点 U,联结 EU 与 PA 相交于一点 V(因为直线 AP,CP,EA,EU 共面). 联结 DU,BV 在空间交于一点 Q(直线 EV,EB,DU,BV 共面). 此外,DU 不平行于 BV,否则,平面 CDU // 平面 ABV,CU // AV,两线不得交于点 P,这与我们的作法相违. 联结 PQ,即为所求直线.

---

① 所谓"只用直尺"的意思是指,只有一件能作直线的工具,因而作出两相交的直线并不等于能作出平面,所以,作两平面得一交线的办法是不合题意的,因而是不对的.

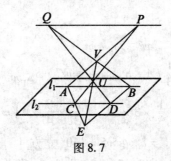

图 8.7

证明 点 Q 在直线 BV 上,则点 Q 在平面 PAB 内,即直线 PQ 在平面 PAB 内.同理由点 Q 在 DU 上,PQ 也在点 P 与 CD 所决定的平面内,因此 PQ 是平面 PAB 与平面 PCD 的交线.但 $AB \parallel CD$,而 l_1, l_2 与 PQ 都没有交点,故得 $PQ \parallel l_1 \parallel l_2$.

8. 一条马路上有 $a_1, a_2, a_3, a_4, a_5, a_6$,共 6 个车站,现有一辆汽车由 a_1 驶向 a_6,沿途各站可自由上下乘客,但此辆汽车在任何时候至多可载乘客 5 人.试证:在此 6 站中,必定有两对(四个不同的)车站 $A_1, B_1; A_2, B_2$,使得没有乘客在 A_1 站上而且在 B_1 站下(A_1 在 B_1 之前),也没有乘客在 A_2 站上而且在 B_2 站下(A_2 在 B_2 之前).

证明 考虑汽车从 a_3 到 a_4 时车上的情况,这时从前 3 站上,到后 3 站下的乘客都在车上,我们作一张乘客表如图 8.8 所示.从 $a_i (i = 1, 2, 3)$ 上到 $a_j (j = 4, 5, 6)$ 下的乘客在车上,我们在 a_i 那一行和 a_j 那一列的交叉处登记上 1 字,由表看出,如果从前 3 站的任何一站上,到后 3 站的任一站下都有乘客在车上,那么车上人数至少是 9,但车上最多可载 5 人,于是必须除去

4 人. 如果光除去某一行或某一列的人, 则还有 6 人, 因此至少要除去既不同行, 又不同列的两个 1, 即至少有两对车站 $A_1, B_1; A_2, B_2$, 使得没有乘客在 A_1 上而且在 B_1 下, 也没有乘客在 A_2 上, 在 B_2 下.

	a_4	a_5	a_6
a_1	1	1	1
a_2	1	1	1
a_3	1	1	1

图 8.8

1958年上海市数学竞赛试题及提示

第9章

1. 下面是一个八位数除以一个三位数的算式

```
          7××××
×××)××××××××8
      ×××
      ××××
       ×××
        ×××
        ××××
            0
```

试求商并说明理由.

提示 可求出下式中括号中的数.

```
              0 7 0 9
              7 × × × ×
     × × × )× × × × × × × × 8
     (1)  (1)(0)(0)
              × × ×
              × × × ×
               (1)
               × × ×
               × × ×
               × × × ×
                     0
```

可知除数为142,并可确定商数为70 709.

第9章 1958年上海市数学竞赛试题及提示

2.（1）解不等式：$x^{\log_a x} > \dfrac{x^{\frac{9}{2}}}{a^2}$.

（2）解方程：$(\sqrt{5+2\sqrt{6}})^x + (\sqrt{5-2\sqrt{6}})^x = 10$.

提示 （1）设 $a>1$，取对数后得 $(\log_a x)^2 > \dfrac{9}{2}\log_a x - 2$. 这是关于 $\log_a x$ 的二次不等式. 当 $a<1$ 时，解法相仿.

（2）令 $(\sqrt{5+2\sqrt{6}})^x = a_1$，$(\sqrt{5-2\sqrt{6}})^x = a_2$，则

$$\begin{cases} a_1 + a_2 = 10 \\ a_1 a_2 = 1 \end{cases}$$

可求 a_1, a_2 解之.

3. 有一 $\triangle ABC$，a, b, c 分别为 $\angle A, \angle B, \angle C$ 的对边，若 b 为 a, c 的等差中项，$\tan\dfrac{B}{2}$ 为 $\tan\dfrac{A}{2}, \tan\dfrac{C}{2}$ 的等比中项. 求作以 $\tan\dfrac{A}{2}$ 和 $\tan\dfrac{B}{2}$ 的值为根的二次方程.

提示 由 b 为 a, c 的等差中项，正弦定理可知 $\sin A + \sin C = 2\sin B$.

由此可得

$$\cos\dfrac{A-C}{2} = 2\cos\dfrac{A+C}{2}$$

故

$$\tan\dfrac{A}{2} \cdot \tan\dfrac{C}{2} = \dfrac{1}{3}$$

由题意得

$$\tan^2\dfrac{B}{2} = \tan\dfrac{A}{2} \cdot \tan\dfrac{C}{2}$$

所以

$$\tan\frac{B}{2} = \frac{\sqrt{3}}{3}$$

又

$$\cot\frac{B}{2} = \tan\frac{A+C}{2} = \frac{\tan\frac{A}{2} + \tan\frac{C}{2}}{1 - \tan\frac{A}{2} \cdot \tan\frac{C}{2}}$$

故

$$\tan\frac{A}{2} + \tan\frac{B}{2} = \frac{2\sqrt{3}}{3}$$

所求方程为

$$x^2 - \frac{2}{3}\sqrt{3}x + \frac{1}{3} = 0$$

4. 在一已知半径为 R 的圆内,试作 7 个全等的正六边形,它们的位置如下:一个在中间,它的中心和圆心重合,另外 6 个各有一边和中间一个的一边重合,且每一个还有一边是圆的弦.

提示 如图 9.1 所示,联结 OP,则点 B 可由交轨法求得:点 B 对 OP 张 120°角,从而在另一弓形弧上;点 B 到 PO 的距离之比为 1:2,从而在一(阿氏)圆上,点 B 在这两个轨迹的交点上,或由 $OP = p$,$\angle OBP = 120°$,$BP = x$,对 $\triangle OBP$ 用余弦定理,求出 x,就可作图.

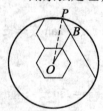

图 9.1

5. 设有一直线与两同心圆相截,交点顺次为 $A,B,$ C,D,过点 A,B 各引大圆及小圆的平行弦 AE,BF,过点 C 作 BF 的垂线,垂足为点 G,过点 D 作 AB 的垂线,垂足为点 H. 证明:$EH = FG$.

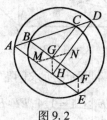

图 9.2

提示 过点 G 作 $MN \parallel AD$,交 AE 于点 M,交 DH 于点 N,则
$$MG = AB = CD = GN$$
所以
$$MG = GH = GN$$
所以
$$\angle GHM = \angle GMH = \angle FEA$$
从而 $GHEF$ 是平行四边形,故
$$EH = FG$$

6. 设有长方体 $ABCD - A_1B_1C_1D_1$,如图 9.3 所示,其棱 $A_1A = a, A_1B_1 = b, A_1D_1 = c$. 点 M,N,P,Q 分别为 A_1B_1, A_1D_1, BC, CD 的中点. 求 $\triangle AMN$,$\triangle CPQ$ 的重心间的距离.

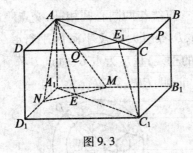

图 9.3

提示 如图 9.4 所示，所求问题可化为平面几何问题. $A_1E:A_1C_1 = CE_1:CA = 1:4$, $EF:FA = E_1F_1:F_1C_1 = 1:2$, 过点 F 作 $FO // AC$, 点 F_1 作 $F_1O // AA_1$, FO 与 F_1O 交于点 O, 则

$$OF_1 = \frac{1}{3}a, \quad OF = \frac{1}{2}AC + \frac{1}{6}AC = \frac{2}{3}AC, \quad OF = \frac{2}{3}\sqrt{b^2 + c^2}$$

从而 EF 可求.

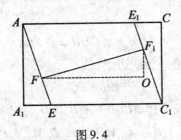

图 9.4

7. AD, BE, CF 为 $\triangle ABC$ 的内角平分线, 求证

$$\frac{S_{\triangle DEF}}{S_{\triangle ABC}} = \frac{2abc}{(a+b)(b+c)(c+a)}$$

提示 由 $\dfrac{S_{\triangle BFD}}{S_{\triangle ABC}} = \dfrac{BF \cdot BD}{AB \cdot BC} = \dfrac{ca}{(c+b)(a+b)}$

第9章 1958年上海市数学竞赛试题及提示

同理得
$$\frac{S_{\triangle CDE}}{S_{\triangle BCA}} = \frac{ab}{(a+c)(b+c)}$$

$$\frac{S_{\triangle AEF}}{S_{\triangle CAB}} = \frac{bc}{(b+a)(c+a)}$$

所以
$$\frac{S_{\triangle DEF}}{S_{\triangle ABC}} = \frac{2abc}{(a+b)(b+c)(c+a)}$$

1958年武汉市数学竞赛试题及解答

初赛试题

1. 已知任意一个整数,将其数字相加,其和可为一位数或多位数,如不是一位数,又将其和的数字相加,像这样做下去,最后得到一位数为止. 求证:若该一位数是 2,3,5,6 四个数中的一个,那么原整数绝不可能是正整数的平方或立方.

证明 因为任意的整数可表示为五个形式:$9n, 9n\pm 1, 9n\pm 2, 9n\pm 3, 9n\pm 4$. 而各数的平方可写作:$(9n)^2 = 9k$, $(9n\pm 1)^2 = 9k+1$, $(9n\pm 2)^2 = 9k+4$, $(9n\pm 3)^2 = 9k$, $(9n\pm 4)^2 = 9k+7$(这里 $k = 0, 1, 2, \cdots$).

各数的立方可写作:$(9n)^3 = 9k$, $(9n\pm 1)^3 = 9k+1$, $(9n\pm 2)^3 = 9k+8$, $(9n\pm 3)^3 = 9k$, $(9n\pm 4)^3 = 9k+1$.

在这里可以看出，$9k$ 可以为平方数或立方数，但上面所列的各余数中，却没有 $2,3,5,6$ 四个数，所以得证.

2. 有一个正方体，棱长为 a，联结两对角，以此为轴旋转，问所得旋转体的体积是多少？

解法 1 如图 10.1 所示，$ABCD-GHEF$ 为正方体，以 AE 为轴旋转. 令 AE 的中点为 O，轴 AE 与面 BDG 相交于点 L，得 $DL \perp AE$. 在 $\triangle ADE$ 中，$\angle ADE = 90°$，$\angle AED = \angle ADL$，$AE = \sqrt{3}a$，$DE = \sqrt{2}a$，$AO = \frac{\sqrt{3}}{2}a$，

$DL = a\cos\angle ADL = a\sin\angle EAD = \frac{\sqrt{2}}{\sqrt{3}}a = \frac{\sqrt{6}}{3}a$，$AL = \sqrt{a^2 - DL^2} = \frac{\sqrt{3}}{3}a$，$MO = \sqrt{a^2 + \left(\frac{a}{2}\right)^2 - \left(\frac{\sqrt{3}}{2}a\right)^2} = \frac{\sqrt{2}}{2}a$，

$LO = \frac{\sqrt{3}}{2}a - \frac{\sqrt{3}}{3}a = \frac{\sqrt{3}}{6}a$.

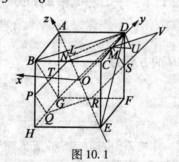

图 10.1

所以直圆锥 $A-BDG$ 的体积 $= \frac{\pi}{3}DL^2 \cdot AL = \frac{2\sqrt{3}}{27}\pi a^3$.

今过中心 O 作 BDG 的平行平面, 必平分 DC, CB, BH, HG, GF, FD 于点 M, N, P, Q, R, S, 且 $MNPQRS$ 为正六边形, 边长为 $\frac{\sqrt{2}}{2}a$. 令 NP 的中点为 T, 以 OT, OM, OA 为 x 轴, y 轴, z 轴, 由正六边形得 M 的坐标为 $\left(0, \frac{\sqrt{2}}{2}a, 0\right)$. 再由点 D 作 $DU \perp$ 面 xOy 于点 U, 得 $UD = OL = \frac{\sqrt{3}}{6}a, MU // TO$, 且其长等于 $\frac{2}{3}\sqrt{\left(\frac{\sqrt{2}}{2}a\right)^2 - \left(\frac{\sqrt{2}}{4}a\right)^2}$, 即 $\frac{\sqrt{6}}{6}a$ (因为 U 为 $\triangle MSV$ 的重心), 于是点 D 的坐标为 $\left(-\frac{\sqrt{6}}{6}a, \frac{\sqrt{2}}{2}a, \frac{\sqrt{3}}{6}a\right)$. 设 CD 的方程为 $\frac{x-0}{l} = \frac{y-\frac{\sqrt{2}}{2}a}{m} = \frac{z-0}{n}$, 但因它过 $\left(-\frac{\sqrt{6}}{6}a, \frac{\sqrt{2}}{2}a, \frac{\sqrt{3}}{6}a\right)$, 故 $\frac{-\frac{\sqrt{6}}{6}a}{l} = \frac{0}{m} = \frac{\frac{\sqrt{3}}{6}a}{n}$. 于是 CD 的方程为

$$\frac{x}{-\frac{\sqrt{6}}{6}a} = \frac{y-\frac{\sqrt{2}}{2}a}{0} = \frac{z}{\frac{\sqrt{3}}{6}a}$$

故

$$x = -\sqrt{2}z, \quad y = \frac{\sqrt{2}}{2}a$$

于是得

$$x^2 + y^2 = 2z^2 + \frac{a^2}{2}$$

即

$$\frac{x^2}{\frac{a^2}{2}} + \frac{y^2}{\frac{a^2}{2}} - \frac{z^2}{\frac{a^2}{4}} = 1$$

由此知线段 CD 的轨迹是旋转双曲面的一部分, 其与面 yOz 的交线为双曲线 $\frac{y^2}{\frac{a^2}{2}} - \frac{z^2}{\frac{a^2}{2}} = 1$ 的两弧, 取

弧 $= y \sqrt{\frac{a^2}{2} + 2z^2}$ $\left(0 \leqslant z \leqslant \frac{\sqrt{3}}{6}a\right)$ 绕 z 轴旋转一周, 得旋转体的体积为

$$V = \pi \int_0^{\frac{\sqrt{3}}{6}a} y^2 \mathrm{d}z = \pi \int_0^{\frac{\sqrt{3}}{6}a} \left(\frac{a^2}{2} + 2z^2\right) \mathrm{d}z$$

$$= \pi \left(\frac{a^2}{2}z + \frac{2}{3}z^3\right) \Big|_0^{\frac{\sqrt{3}}{6}a} = \frac{5\sqrt{3}}{54}\pi a^3$$

再加上直圆锥 $A-BDG$ 的体积 $\frac{2\sqrt{3}}{27}\pi a^3$, 得 $\frac{\sqrt{3}}{6}\pi a^3$.

再求其 2 倍, 即得所求体积为 $\frac{\sqrt{3}}{3}\pi a^3$.

注 本题算法需用立体解析几何, 若视旋转体为圆台, 则得近似值为 $\frac{2 + 5\sqrt{3}}{18}\pi a^3$, 略大于实值, 但误差不到 $\frac{1}{50}$.

解法 2 如图 10.2 所示, 所求体积为 $\triangle ADL$ 绕 AE 旋转所得锥体与图形 $LOMD$ 绕 AE 旋转所得立体两者

之和的 2 倍,即锥体体积为 $\frac{2\sqrt{3}}{27}\pi a^3$.

现在求 LOMD 绕 AE 旋转所得的体积,先研究 CD (即 FD)绕轴旋转所得的曲面,取立方体的中点 O 作为原点,AE 为 z 轴,OS(S 是 DF 的中点)为 y 轴,则 z 轴在 △AEC 所在的平面上.

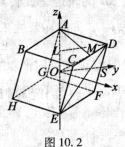

图 10.2

因此求得点 E 及点 C 的坐标分别是 $\left(0,0,-\frac{\sqrt{3}}{2}a\right)$ 及 $\left(\frac{\sqrt{6}}{3}a,0,-\frac{\sqrt{6}}{3}a\right)$,点 S 的坐标是 $\left(0,\frac{\sqrt{2}}{2}a,0\right)$.

直线 FD 过点 S,且平行于 EC,所以它的方程是

$$\frac{x-0}{\frac{\sqrt{6}}{3}a} = \frac{y-\frac{\sqrt{2}}{2}a}{0} = \frac{z-0}{\frac{\sqrt{3}}{3}a}$$

亦即

$$x = \sqrt{2}z, y = \frac{\sqrt{2}}{2}a$$

FD 绕 z 轴所得的直线方程是

$$x\cos\theta - y\sin\theta = \sqrt{2}z$$

第10章 1958年武汉市数学竞赛试题及解答

及

$$x\sin\theta + y\cos\theta = \frac{\sqrt{2}}{2}a$$

式中 θ 为参数. 由这两式消去 θ, 得 FD 绕 z 轴旋转所产生的曲面为一单叶双曲面

$$x^2 + y^2 = 2z^2 + \frac{a^2}{2}$$

平行于面 xOy, 当其距离为 t 的平面, 与这个平面相截所得的截面为圆时, 其面积为 $\pi\left(2t^2 + \frac{a^2}{2}\right)$.

故 $LOMD$ 绕 z 轴旋转所产生的体积为

$$\int_0^{\frac{\sqrt{3}}{6}a} \pi\left(2z^2 + \frac{a^2}{2}\right)\mathrm{d}z = \frac{5\sqrt{3}}{54}\pi a^3$$

因此所求体积为

$$2\left(\frac{2\sqrt{3}}{27} + \frac{5\sqrt{3}}{54}\right)\pi a^3 = \frac{\sqrt{3}}{3}\pi a^3$$

3. 圆的内接四边形为 $ABCD$, 今将其两组对边延长, 使其相交于点 P, Q, 再从点 P 及点 Q 各作圆的切线 PT, QS, 求证

$$PQ^2 = PT^2 + QS^2$$

证明 如图 10.3 所示, 过三点 B, C, P 作圆, 交 PQ 于点 E, 联结 CE, 所以

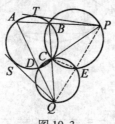

图 10.3

$$\angle CDQ = \angle ABC = \angle PEC$$

且

$$\angle PEC + \angle CEQ = 180°$$

所以

$$\angle CDQ + \angle CEQ = 180°$$

于是点 D, C, E, Q 四点共圆. 又

$$PT^2 = PC \cdot PD = PE \cdot PQ, QS^2 = QC \cdot QB = QE \cdot PQ$$

将这两式两边相加, 得

$$PT^2 + QS^2 = PE \cdot PQ + QE \cdot PQ = PQ(PE + QE) = PQ^2$$

故本题得证.

4. 一块扇形的板子, 其圆心角为 $120°$, 半径为 1 尺, 今要锯掉边部, 做成一块面积最大的矩形 (扇形的对称轴垂直于矩形一边), 问锯掉的面积是多少?

解法 1 如图 10.4 所示, 设 OAB 为扇形, $\angle AOB = 120°, r = OA = 1$ 尺, $CDEF$ 为内部矩形, 作 $\angle AOB$ 的平分线, 分别交 CF 与圆弧于点 G, H. 令 $\angle HOC = \theta$, 由图知 $GC = r\sin\theta$, 在 $\triangle OCD$ 中

$$\frac{CD}{\sin\angle DOC} = \frac{OC}{\sin\angle CDO}$$

图 10.4

即

$$\frac{CD}{\sin(60° - \theta)} = \frac{r}{\sin(180° - 60°)} = \frac{r}{\sin 60°}$$

第10章　1958年武汉市数学竞赛试题及解答

即

$$CD = \frac{2\sqrt{3}}{3} r \sin(60° - \theta)$$

于是

$$S_{\text{矩形}CDEF} = 2CG \cdot CD = \frac{4\sqrt{3}r^2}{3} \sin\theta \sin(60° - \theta)$$

$$= \frac{2\sqrt{3}}{3} r^2 [\cos(2\theta - 60°) - \cos 60°]$$

要使这个面积最大,在等式末端,舍弃常数外,必须使 $\cos(2\theta - 60°) = 1$,即 $\theta = 30°$.

因此

$$\text{矩形面积} = \frac{4\sqrt{3}}{3} \sin^2 30° = \frac{\sqrt{3}}{3}$$

但

$$\text{扇形面积} = \frac{1}{2} \cdot \frac{120}{180} \pi r^2 = \frac{\pi}{3}$$

所以

$$\text{锯掉面积} = \frac{\pi}{3} - \frac{\sqrt{3}}{3} = 0.469\,847 (\text{平方尺})$$

解法 2　设 $CD = x, OD = y$,如图 10.5 所示,过 O 作 ED 的平行线交 CD 的延长线于点 K,联结 DK,则

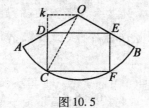

图 10.5

$$DK = \frac{y}{2}, KO = \frac{\sqrt{3}}{2}y$$

于是矩形 $CDEF$ 的面积为

$$S = CD \cdot DE = 2CD \cdot KO = \sqrt{3}xy$$

在钝角 $\triangle OCD$ 中,有

$$OC^2 = CD^2 + OD^2 + 2CD \cdot DK$$

故

$$1 = x^2 + y^2 + xy$$

或

$$y^2 + xy + (x^2 - 1) = 0$$

即

$$y = \frac{-x \pm \sqrt{4 - 3x^2}}{2}$$

故

$$S = \frac{\sqrt{3}}{2}(-x^2 \pm \sqrt{4x^2 - 3x^4})$$

$$2S + \sqrt{3}x^2 = \pm \sqrt{12x^2 - 9x^4}$$

两边平方移项得

$$3x^4 + (\sqrt{3}S - 3)x^2 + S^2 = 0$$

因 x^2 为正实数,故判别式不小于零,即

$$3S^2 + 2\sqrt{3}S - 3 \leqslant 0$$

或

$$(3S - \sqrt{3})(S + \sqrt{3}) \leqslant 0$$

故

$$0 < S \leqslant \frac{\sqrt{3}}{3}$$

即最大矩形面积为$\frac{\sqrt{3}}{3}$,此时 $x=\frac{1}{\sqrt{3}}$,代入 $S=\sqrt{3}xy$,得

$y=\frac{\sqrt{3}}{3}=x$,故

$$\angle COD=\angle OCD=30^\circ$$

下略.

5. 设 $\sin A+\sin B+\sin C=\cos A+\cos B+\cos C=0$,求证

$$\cos 3A+\cos 3B+\cos 3C=3\cos(A+B+C)$$
$$\sin 3A+\sin 3B+\sin 3C=3\sin(A+B+C)$$

证法1　令 $a=\cos A+\mathrm{i}\sin A, b=\cos B+\mathrm{i}\sin B$, $c=\cos C+\mathrm{i}\sin C$,那么

$$a+b+c=0$$

所以

$$a^3+b^3+c^3=3abc$$

即

$$(\cos A+\mathrm{i}\sin A)^3+(\cos B+\mathrm{i}\sin B)^3+(\cos C+\mathrm{i}\sin C)^3$$
$$=3(\cos A+\mathrm{i}\sin A)(\cos B+\mathrm{i}\sin B)(\cos C+\mathrm{i}\sin C)$$

即

$$(\cos 3A+\mathrm{i}\sin 3A)(\cos 3B+\mathrm{i}\sin 3B)(\cos 3C+\mathrm{i}\sin 3C)$$
$$=3[\cos(A+B+C)+\mathrm{i}\sin(A+B+C)]$$

所以

$$\cos 3A+\cos 3B+\cos 3C=3\cos(A+B+C)$$
$$\sin 3A+\sin 3B+\sin 3C=3\sin(A+B+C)$$

证法2　由 $\sin A+\sin B+\sin C=0$ 得

$$\sin A+\sin B=-\sin C$$

$$2\sin\frac{A+B}{2}\cos\frac{A-B}{2} = -\sin C \qquad ①$$

由 $\cos A + \cos B + \cos C = 0$ 得

$$\cos A + \cos B = -\cos C$$

$$2\cos\frac{A+B}{2}\cos\frac{A-B}{2} = -\cos C \qquad ②$$

由式①②得

$$\tan\frac{A+B}{2} = \tan C$$

$$C = n\pi + \frac{A+B}{2}$$

$$2C = 2n\pi + (A+B), \quad 3C = 2n\pi + (A+B+C)$$

所以

$$\sin 3C = \sin(A+B+C), \quad \cos 3C = \cos(A+B+C)$$

同理可得

$$\sin 3A = \sin 3B = \sin(A+B+C)$$

$$\cos 3A = \cos 3B = \cos(A+B+C)$$

所以如题所证.

决赛试题

1. 设 $\arcsin(\sin\alpha + \sin\beta) + \arcsin(\sin\alpha - \sin\beta)$ 为直角的奇数倍，试求 $\sin^2\alpha + \sin^2\beta$ 的值.

解 设 $\arcsin(\sin\alpha + \sin\beta) = x$, $\arcsin(\sin\alpha - \sin\beta) = y$，得

$$\sin x = \sin\alpha + \sin\beta, \quad \sin y = \sin\alpha - \sin\beta$$

于是

第 10 章 1958 年武汉市数学竞赛试题及解答

$$\sin\alpha = \frac{\sin x + \sin y}{2}, \sin\beta = \frac{\sin x - \sin y}{2}$$

所以

$$\sin^2\alpha + \sin^2\beta = \left(\frac{\sin x + \sin y}{2}\right)^2 + \left(\frac{\sin x - \sin y}{2}\right)^2$$

$$= \frac{\sin^2 x + \sin^2 y}{2}$$

依题设 $x + y = \frac{(2n-1)\pi}{2}$,则 $y = \frac{(2n-1)\pi}{2} - x$,即

$$\sin^2 x + \sin^2 y = \sin^2 x + \sin^2\left[(2n-1)\pi \cdot \frac{1}{2} - x\right]$$

$$= \sin^2 x + \cos^2(\pm x)$$

$$= \sin^2 x + \cos^2 x = 1$$

所以

$$\sin^2\alpha + \sin^2\beta = \frac{1}{2}$$

2. 设 λ 为实数,试解方程组

$$\begin{cases} x + y + z = \dfrac{1+\lambda}{2} \\ xy + yz + zx = \dfrac{\lambda(1-\lambda)}{2} \\ xyz = \dfrac{1-\lambda^2}{2} \end{cases}$$

并就 λ 的取值范围,讨论解的虚实.

解 依题知 x, y, z 为下列方程式的三个根

$$2x^3 - (1+\lambda)x^2 + \lambda(1-\lambda)x - (1-\lambda^2) = 0$$

由综合除法 $x = 1$ 显然是这个方程的一个根,其余

两个根可由方程 $2x^2+(1-\lambda)x+(1+\lambda^2)=0$ 解出,即

$$x=\frac{\lambda-1\pm\sqrt{(9\lambda+7)(\lambda-1)}}{4}$$

讨论二次式 $(9\lambda+7)(\lambda-1)$,可见当 $\lambda<-\dfrac{7}{9}$ 或 $\lambda>1$ 时,上面三次方程式有三个实根;当 $\lambda=1$ 或 $-\dfrac{7}{9}$ 时,除有一实根 1 外,还有两相等的实根;当 $-\dfrac{7}{9}<\lambda<1$ 时,除有一实根 1 外,其余两根是共轭复数. 因为已给方程组中 x,y,z 对称,所以由上述三次方程式的解可推出这一方程组的六组解.

3. 设 n 为任意正整数,求证: $5^{2n}-24n-1$ 能被 576 整除.

证明 因为
$$5^{2n}=(5^2)^n=25^n=(1+24)^n$$
$$=1+24n+C_n^2 24^2+C_n^3 24^3+\cdots+24^n$$

所以
$$5^{2n}-24n-1=C_n^2 24^2+C_n^3 24^3+\cdots+24^n$$
$$=24^2(C_n^2+C_n^3 24+\cdots+24^{n-2})$$

所以 $5^{2n}-24n-1$ 能被 576 整除.

4. 已知 $\triangle ABC$ 的顶角为 A,内切圆半径为 r,面积为 k^2,求作此 $\triangle ABC$.

解 设三角形的半周长为 S,由题可得 $rS=k^2$,用作比例第三项的方法,可作出 S,在 $\angle A$ 的两边上取两点 D,E,使 $AD=AE=S$,作与 AD,AE 相切于点 D,E 的圆,引 AB 的平行线,使其与点 C 在 AB 的同侧,且与

AC 的距离为 r. 如图 10.6 所示,令此二平行线的交点为点 O,以 O 为圆心,r 为半径作圆 O,再作圆 O 与前圆的内公切线,命其与 $\angle A$ 的两边分别交于点 B,C,则 $\triangle ABC$ 即为所求. 照上述两圆有一、二或无内公切线,本题有一、二或无解.

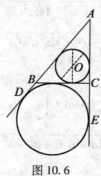

图 10.6

5. 已知 $\triangle ABC$ 的两边 a,b 及夹角 C,求以 a,b 为底,侧棱都等于 d 的三棱锥的体积.

解 设三棱锥的顶点为 D,高的垂足为 H,则由题设可知 H 为 $\triangle ABC$ 的外心,如图 10.7 所示. 在 $\triangle ABC$ 内联结 AH,BH,作 $HM \perp AB$ 交 AB 于点 M,则 $\angle AHM = \angle C$.

而外接圆半径

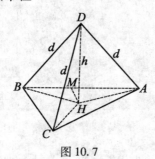

图 10.7

$$R = \frac{AM}{\sin C} = \frac{c}{2\sin C} = \frac{\sqrt{a^2+b^2-2ab\cos C}}{2\sin C}$$

$$h = DH = \sqrt{d^2 - R^2} = \sqrt{d^2 - \frac{a^2+b^2-2ab\cos C}{4\sin^2 C}}$$

$$= \sqrt{\frac{4d^2\sin^2 C - a^2 - b^2 + 2ab\cos C}{4\sin^2 C}}$$

$$= \frac{1}{2\sin C}\sqrt{4d^2\sin^2 C - a^2 - b^2 + 2ab\cos C}$$

三棱锥的体积为

$$V = \frac{1}{3}\left(\frac{1}{2}ab\sin C\right)h$$

$$= \frac{ab}{12}\sqrt{4d^2\sin^2 C - a^2 - b^2 + 2ab\cos C}$$

1959年上海市数学竞赛试题

复赛:(一)初中毕业班

1. (1) 化简 $|a|-3a+|-a|$;

(2) 求出图 11.1 中阴影线部分点的坐标范围(包括边界),用不等式把它表示出来.

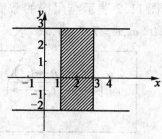

图 11.1

2. (1) 要加多少 $100\ ℃$ 的水到 a 公升 $t_1\ ℃$ 的水里去,才能得到 $t_2\ ℃$ 的水? (t_1, $t_2 \neq 100\ ℃$)

(2) 如果测量所得的近似数值: $a = 3.641$ 公升, $t_1 = 36.7\ ℃$, $t_2 = 57.4\ ℃$, 那么要加多少公升 $100\ ℃$ 的水?

3. (1) 化简 $\dfrac{1-a^2}{(1+ax)^2-(a+x)^2}$;

(2) 当 $x=0.44$ 时,求下式的值: $\sqrt{1-x-x^2+x^3}$.

4. 甲城有 157 t 货物要运到乙城. 大卡车的载重量是 5 t,小卡车的载重量是 2 t,每种卡车的耗油量分别为 10 L 和 5 L,问用多少辆大卡车及小卡车来运输,耗油量最少?

5. 甲、乙两个工人同时接受一批生产任务. 开始工作时,甲先花去 $2\dfrac{1}{2}$ 小时改装机器,之后提高工作效率,因此在前 4 小时结束时,统计甲仅比乙少做了 400 个零件,继续工作 4 小时后,总计甲反而比乙多做了 4 200 个零件,问这一天甲、乙各做了多少个零件?

6. 如图 11.2 表示燕尾槽的截面,尺寸如下:$\alpha=60°$,$r=2.0$ cm,$R=7.7$ cm,求 l 长.

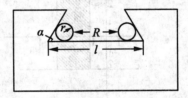

图 11.2

(二) 高中一年级

1. 同初中毕业班第 6 题.

2. 化简:$\dfrac{1-x-x^2+x^3}{1-2|-x|+x^2}$.

3. 已知一个二次函数 $y=f(x)$ 的图像的顶点是

$(-1,1)$,与 y 轴的交点为 $(0,2)$.

(1)求这个二次函数的表达式;

(2)求当 $x=8$ 时的函数值;

(3)给出任一 y 值是否一定可以找出 x 的值,为什么,并用图像来说明.

4. 火车从甲站出发,以 0.5 km/min^2 为加速度的匀加速运动前进. 经过 2 min 后,以匀速运动继续前进,再过 7 min,又以 0.5 km/min^2 的匀减速运动进入乙站,在乙站停车 2 min. 试画出从甲站出发到乙站运行这一段时间内速度与时间的关系图像. 再求出四段时间内的路程与时间的函数关系的解析式,并确定这些函数中时间的取值范围.

5. 设有铜与锌的混合物 400 g,它的体积是 50 cm³,已知铜的密度小于 9 g/cm³ 而大于 8.8 g/cm³,锌的密度小于 7.2 g/cm³ 而大于 7.1 g/cm³,混合物中铜和锌的克数在什么范围内?

6. 北京和上海同时制成电子计算机若干台,除本地应用外,北京可以支援外地 10 台,上海可以支援外地 4 台,现决定给重庆 8 台,汉口 6 台. 若每台计算机的运费如下表:

起点＼终点	汉口	重庆
北京	4	8
上海	3	5

(单位:百元)

上海和北京制造的机器完全相同,应该怎样调运,才能使总运费最省?

(三)高中毕业班

1. 设有数列 $S_n = \dfrac{1}{1\cdot 3}+\dfrac{1}{2\cdot 4}+\cdots+\dfrac{1}{n\cdot(n+2)}$.

(1)证明:$S_n = \dfrac{3}{4}-\dfrac{2n+3}{2(n+1)(n+2)}$;

(2)当 $n\to\infty$ 时,求 S_n 的极限 A;

(3)如给定一个数 0.1,试求 N 的最小值,使 $n>N$ 时,$|S_n-A|<0.1$.

2. 对于函数 $y=\lg(2\sin x)$,回答下列问题:

(1)它的定义域(x 的取值范围)是什么?

(2)x 取什么值时,函数值等于 0?

(3)x 取什么值时,函数有极大值?极大值等于多少?

(4)这个函数是否为周期函数?如果是,求出它的最小正周期.

(5)当自变量 x 从 0 逐渐增加到 π 时,函数的变化情况怎样?

(6)作出它的图像.

3. 有两力 f_1 和 f_2 作用于坐标轴的原点 O,$\vec{f_1}=\vec{OA}=\sqrt{2}(\cos 45°+i\sin 45°)$,$\vec{f_2}=\vec{OB}=2[\cos(-30°)+i\sin(-30°)]$.

(1)求出它们的合力的大小和方向;

(2)求出 A,B 两点间的距离(精确到 0.1).

4. 同高中一年级第 4 题.

5. 有两个面粉厂给三个居民区供应面粉,第一个面粉厂月产 60 t,第二个面粉厂月产 100 t. 第一个居民区每月需要 45 t,第二个居民区每月需要 75 t,第三个居民区每月需要 40 t. 第一个面粉厂与三个居民区的供应站的距离依次是 10 里,5 里和 6 里,第二个面粉厂与三个居民区的供应站的距离依次是 4 里,8 里和 15 里,问怎样分配面粉才能使运输最经济?

6. 某厂翻砂车间铸造一批头为球状的圆柱形梢子,尺寸如图 11.3 所示(单位:cm). 已知铁的密度为 7.8 g/cm³,问生产 1 000 只梢子需要多少公斤铁?

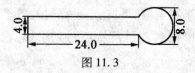

图 11.3

决赛:(一) 初中毕业班

1. 已知两直线方程: $l_1: ax + 2y = 6, l_2: x + by = -3$.

(1) a, b 各是何值时,l_1 与 l_2 两直线重合?

(2) 当 l_1 和 l_2 相交于 $(-4, -1)$ 时,a, b 各是何值?

(3) 当 l_1 与 l_2 两方程的系数有关系 $\dfrac{a}{1} = \dfrac{2}{b} \neq -2$ 时,问 l_1 和 l_2 有什么关系?为什么?

(4) 根据直线 l_1 与 l_2 的各种可能的位置关系,试求这两直线方程系数之间的关系.

2. 若 $\dfrac{a}{b} = \sqrt[3]{5}$ ($\sqrt[3]{5} = 1.71$),求 $\dfrac{a^2 + ab + 2b^2}{a^2 + ab + b^2}$ 的值.

3. 有甲、乙两煤矿,甲煤矿每克煤燃烧时放出 4 卡 (1 卡 = 4.186 J)热,乙煤矿每克煤燃烧时放出 6 卡热. 在产地每吨煤的价格:甲矿煤为 20 元,乙矿煤为 24 元. 已知甲矿煤运到 N 城每吨运费为 8 元,如果要把乙矿煤运到 N 城,每吨运费多少时,比从甲矿运去合算?

4. 汽车将甲镇的日用品运到乙村,要经过上坡路 20 km,下坡路 14 km,平路 5 km,然后再将乙村的粮食运往甲镇. 汽车往返所用时间相差 10 min,已知汽车在上坡、下坡、走平路时的平均速度之比为 3:6:5. 求:

(1) 汽车在上坡、下坡、走平路时的各平均速度;

(2) 自甲镇到乙村及从乙村到甲镇,汽车各需要多长时间.

5. 如图 11.4 所示,a,b 是两条垂直于 x 轴的直线,且 $OG:GH = m:n$,如果一条直线 l 截 y 轴及 a,b 于点 P,W,Q,且点 P,W,Q 的纵坐标分别是 y_1,y_3,y_2,试证明

$$\frac{m+n}{m \cdot n} \cdot y_3 = \frac{y_1}{m} + \frac{y_2}{n}$$

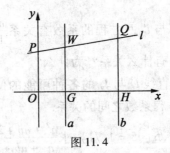

图 11.4

6. 如图 11.5, 发动机的连杆 $AP = b$, 曲柄 $OA = a$, $\angle AOP = \alpha$, $\angle APO = \beta$.

(1) 试证: $a\sin \alpha = b\sin \beta$;

(2) 求出 $\sin \beta$ 的最大值;

(3) 如果 $BQ = b, PQ = x$, 求证: $x = a(1 - \cos \alpha) + b(1 - \cos \beta)$.

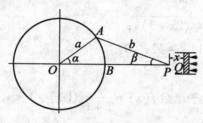

图 11.5

7. 有一皮尺及两根等长的竹竿,要测量一个不可到达它的底部的塔的高度,问如何进行测量？(要求作出图形,说明图中哪些量应该测量,并列出算式,根据算式求出公式,表示出塔的高度.)

(二) 高中一年级

1. (1) 如果 $\dfrac{a}{b} = \sqrt[3]{5}$ ($\sqrt[3]{5} = 1.71$), 求 $\dfrac{a^2 + ab + 2b^2}{a^2 + ab + b^2}$ 的值;

(2) 解方程: $|x + 1| + \dfrac{1}{2}|2x - 3| = 5x + 2$.

2. 如决赛: (一) 初中毕业班图 11.5, $AP = b$ 为发动机的连杆, $AO = a$ 为曲柄, $\angle AOP = \alpha$, $\angle APO = \beta$.

(1) 试证: $a\sin\alpha = b\sin\beta$;

(2) 当 $a=1, b=2$ 时, β 的最大值是多少?

(3) 如果 $BQ=b, PQ=x$, 求证: $x=a(1-\cos\alpha)+b(1-\cos\beta)$.

3. (1) 作出下列函数的图像:

① $y=\sqrt{4x^2+12x+9}$;

② $y=\sqrt{(2x+3)^2}$;

③ $y=\dfrac{|4x^2+12x+9|}{2x+3}$.

(2) 对于函数 $f(x)=\dfrac{x}{1+x}$: ①若 $-1<x_1<x_2<1$, 试比较 $f(x_1)=\dfrac{x_1}{1+x_1^2}$ 与 $f(x_2)=\dfrac{x_2}{1+x_2^2}$ 的大小;

② 证明: $f(1)$ 是它的极大值, $f(-1)$ 是它的极小值.

4. 已知抛物线 $y=ax^2+bx+c$ 的对称轴为 $x=-2$, 它与某直线切于一点, 这条直线的斜率为 2, 在 y 轴上的截距为 1, 且抛物线与 $y=0$ 相交两点的距离为 $2\sqrt{2}$, 求这个抛物线的方程.

5. 现在要把产油地 A 所开采的汽油运往 B 地, 已知运油车的最大载油量恰等于运油车往返 A,B 两地所需的耗油量(运油车要求回到 A 地), 因此不能直接将油运往 B 地. 如果在 A,B 两地之间设一转运站 C, 那么:

(1) 当 C 设在离 A 地 $\dfrac{1}{3}AB$ 处, 怎样以最经济的方

法将 A 地的汽油运往 B 地(使 B 地收到汽油最多),此时运油率$\left(\dfrac{B\text{地收到的汽油量}}{A\text{地运出的汽油量}}\right)$等于多少?

(2)转运站设在何处,运油率最大?此时的运油率为多少?

6. 甲、乙两人仅有一根皮尺,要测量一个不可达到它的底部的塔的高度,问如何进行测量?(要求作出图形,说明图中哪些量应该测量,并列出表示塔高的关系式.)

(三)高中毕业班

1. 已知振动 $y_1 = \sin x$, $y_2 = \sin^2 x$,研究它们的合振动 $y = y_1 + y_2 = \sin x + \sin^2 x$ 的性质(x 的取值范围,极大和极小值,零点,变化情况,对称性,周期性),并作出它的图像.

2. (1) 已知 $f(x) = x^{x-\frac{1}{2}}$, $f(\lg a) = \sqrt{10}$,求 a 的值;

(2) 试求 $\cos \dfrac{2\pi}{n} + \cos \dfrac{4\pi}{n} + \cdots + \cos \dfrac{2(n-1)\pi}{n}$ 及 $\sin \dfrac{2\pi}{n} + \sin \dfrac{4\pi}{n} + \cdots + \sin \dfrac{2(n-1)\pi}{n}$ 的值.

3. 某厂有一座很高的水塔,由两部分组成,装水的是一个圆柱体的铁桶,下面由一只正棱台形的铁架支撑,现在有一皮尺,一架测角仪,如何进行测量来求出水塔下面铁桶的体积?(要求写方法,并说明如何计算铁桶的体积,用字母来表示要测量的量,列出表示铁桶体积的关系式.)

4. 如图 11.6 是蒸汽机或刨床上重要的机件之一,它是由支点 C,曲柄 OB,摆动的连杆 CL 和滑块 A,B 组成的.当曲柄 OB 以 O 为中心旋转时,滑块 B 在连杆 CL 的槽中移动,又滑块 A 既在 CL 上移动,又在直线 MN 上运动.设 $MN \perp CD$,$CD = h$,$CO = a$,$OB = b(a > R)$,求在直线 MN 上运动的点 A 的位置 DA 与曲柄转动的角 φ 的函数关系,并求出 A 的变化范围.

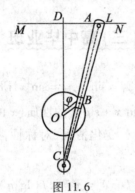

图 11.6

5. A 地有很多汽油,B 地缺油,要求将 A 地的油运往 B 地.已知运油卡车的最大载油量,恰为卡车往 A,B 两地所需的油耗(运油车要求回到 A 地),因此不能直接将油运往 B 地.如果在 A,B 之间的 C 地设一储油站,那么:

(1)当 A,C 两地的距离恰为 A,B 两地距离的 $\dfrac{1}{2}$ 时,怎样以最经济的方法将 A 地的汽油运往 B 地?运

油率 $\left(\dfrac{B \text{地收到的汽油量}}{A \text{地运出的汽油量}}\right)$ 等于多少?

(2)对于 AB 间任意指定的点 C 使 $AC = d$ 时,怎样以最经济的方法将 A 地的油运出?运油率是多少?

(3)对于不同的 d,最大运油率是多少?此时 C 站应该设在哪里?

(4)如果再增加一个储油站,运油率能否提高?最大运油率是多少?此时储油站应该设在哪里?

编辑手记

出版这样一本《20世纪50年代全国部分城市数学竞赛试题汇编》的着眼点已经不是数学竞赛而是数学文化了.

几个月前,皮村育儿嫂范雨素写的文章发表在非虚构写作平台上,短时间内,阅读量突破10万.三天内,达到400万.

媒体和出版人蜂拥而至.皮村工会"工友之家"甚至为此召开了一场见面会.在"工友之家"的墙上写的标语为:"没有我们的文化,就没有我们的历史.没有我们的历史,就没有我们的将来".

数学竞赛活动既有功利性也有文化属性,既可说有用也可称之无用.数学竞赛试题从年份看越是近年的越有用(像绿茶新的好),从文化的角度看越是陈年的越有味道(像红酒年份久远为佳).

编辑手记

数学竞赛有些像围棋比赛. 有人说：

围棋的享受和快乐只有在更高的胜负境界上才能感受到. 跟水准相当甚至稍高于你的对手切磋, 你能在公平的对抗中战而胜之, 这样的享受质量超过草草了事的对局一千倍. 感觉到自己状态和构思的力量, 感受到完美的发挥和进步才是围棋真正的快乐.

围棋肯定是给了我们些什么的, 与完全不知围棋为何物时相比, 肯定是让我们的意识和观念有些不同的. 从擂台赛时代走到今天的棋迷们的一个共同点是对围棋从未放弃的、真正的热爱, 它源于20世纪80年代全民共有的单纯、向上、进取、学习、开放的心态. 那是一个无法复制的契机, 是能孕育奇迹的土壤. 中国的几代棋手, 要么成长于那持续的、热烈的氛围中, 要么是那样一代人的孩子.

然而那种对围棋持有热爱的一代民众没有再出现了. 生活变得越来越紧张、压力越来越大. 人们每做一件事的目的性和功利感越来越强, 而围棋是需要某种单纯和超功利的气质的, 遗憾的是, 它成为了这个时代的奢侈品.

真正的大棋士, 或许是100年才能出一位的, 非我等凡人可比. 但鲁迅先生有一句

> 话说得好：我们做不了天才，但我们可以做天才的土壤．天才需要父母、老师、前辈、兄长、朋友帮助他们成长，需要有那样一些人存在着，告诉他们，生活中有些东西比庸俗的算计和功利争夺更重要、更享受．即使平凡的我们，也希望能生活在认可这种价值观的社会、人群和家庭中．

如果与围棋相对比，数学竞赛的黄金时代其实是在 20 世纪 50 年代．那时的人们单纯、质朴，较少功利性，所以参加者的目的都很纯粹，即热爱或喜欢数学．

奥数在当今用个时髦的词来形容，它是一个超级大 IP．

派格传媒董事长孙健君说：

> 什么是 IP？我有一个自己的理解——IP 必须是两次以上被市场检验成功，后面还有三次以上的再创作价值才是 IP．买一部小说不是 IP，他只是一个题材．《007》是 IP，因为只要拍，就可以成功．从时间节点来讲，IP 有生命周期，比如《哈利波特》就不是 IP，他结束了，不拍了，等于被挖空了．IP 距离一个成功的电影和多个都可以成功的电影有很大的距离，一部小说是否可以改编成好剧本是一个巨大的问号，一部好剧本能不能拍成好电影也是一个巨大的问号，第一个不成功了，接下来还能不能成功又是一个巨大的问

号,在这些问号之后再看看 IP 到底应该值多少钱.所以很多人购买很多题材,这些有一定的价值,有总比没有强,但是有了就能成吗? 真不是.一个金矿交给一个不会开采的人,可能就糟蹋了,所以 IP 是指被一个系统运营体系成功地运营两次以上,还可以继续运营的,我才认定为 IP,否则只是一个想法,是一个好主意、好题材、好可能性,他有可能拍好,也有可能拍不好,有可能名利全失,不能依赖 IP,你没有运营能力,两次就毁了,就可惜了.IP 的核心是有没有一个成功的运营体系支撑它,让 IP 的价值被孵化,但这个孵化的过程很长.

奥数这个超级大 IP 其价值链长着呢! 绝不像现在出版市场这样只挖掘点试题集,预测卷这么简单,从纵向和横向都有许多挖掘空间.

至于怎么读本书,中国古人早有方法.

北宋大儒张载(世称"横渠先生")在《经学理窟·义理》中有"观书者,释己之疑,明己之未达,每见每知所益,则学进矣,于不疑处有疑,方是进矣".

这句"于不疑处有疑,方是进矣",国人知者不多,倒是张载另外被冯友兰概括为"横渠四句"的,而被胡适以其空洞而反感的 4 句话广为人知,即"为天地立心,为生民立命,为往圣继绝学,为万世开太平".这句假、大、空的口号前些年被流行引用,这些年人们已警

20 世纪 50 年代全国部分城市数学竞赛试题汇编

惕了.因为它的特点是大而无当,不具可操作性.

还是回到本书上来,与今日之赛题相比较,从形式上看它们略显古朴、守拙,但从数学内涵上看它们又是那样清新、自然.不像现在的试题,全是套路,乍一看,耳目一新,仔细一做全是老路子,而且人工痕迹过重.许多对数学理解不深的"小人物"都可随意拼凑出一道试题.结果是毫无美感,考完即告终结.生命力很短,不像有些老题历久弥新,而且以其不变的内核穿上时代的外衣还可以借尸还魂.

有首歌的歌词为:情人还是老的好!开放社会,见仁见智.但笔者仿此说:试题还是老的好,你同意吗?

刘培杰

2017.7.1

于哈工大

哈尔滨工业大学出版社刘培杰数学工作室
已出版(即将出版)图书目录

书　名	出版时间	定　价	编号
新编中学数学解题方法全书(高中版)上卷	2007—09	38.00	7
新编中学数学解题方法全书(高中版)中卷	2007—09	48.00	8
新编中学数学解题方法全书(高中版)下卷(一)	2007—09	42.00	17
新编中学数学解题方法全书(高中版)下卷(二)	2007—09	38.00	18
新编中学数学解题方法全书(高中版)下卷(三)	2010—06	58.00	73
新编中学数学解题方法全书(初中版)上卷	2008—01	28.00	29
新编中学数学解题方法全书(初中版)中卷	2010—07	38.00	75
新编中学数学解题方法全书(高考复习卷)	2010—01	48.00	67
新编中学数学解题方法全书(高考真题卷)	2010—01	38.00	62
新编中学数学解题方法全书(高考精华卷)	2011—03	68.00	118
新编平面解析几何解题方法全书(专题讲座卷)	2010—01	18.00	61
新编中学数学解题方法全书(自主招生卷)	2013—08	88.00	261
数学眼光透视(第2版)	2017—06	78.00	732
数学思想领悟	2008—01	38.00	25
数学应用展观(第2版)	2017—08	68.00	737
数学建模导引	2008—01	28.00	23
数学方法溯源	2008—01	38.00	27
数学史话览胜(第2版)	2017—01	48.00	736
数学思维技术	2013—09	38.00	260
数学解题引论	2017—05	48.00	735
从毕达哥拉斯到怀尔斯	2007—10	48.00	9
从迪利克雷到维斯卡尔迪	2008—01	48.00	21
从哥德巴赫到陈景润	2008—05	98.00	35
从庞加莱到佩雷尔曼	2011—08	138.00	136
数学奥林匹克与数学文化(第一辑)	2006—05	48.00	4
数学奥林匹克与数学文化(第二辑)(竞赛卷)	2008—01	48.00	19
数学奥林匹克与数学文化(第二辑)(文化卷)	2008—07	58.00	36′
数学奥林匹克与数学文化(第三辑)(竞赛卷)	2010—01	48.00	59
数学奥林匹克与数学文化(第四辑)(竞赛卷)	2011—08	58.00	87
数学奥林匹克与数学文化(第五辑)	2015—06	98.00	370

哈尔滨工业大学出版社刘培杰数学工作室
已出版(即将出版)图书目录

书　名	出版时间	定　价	编号
世界著名平面几何经典著作钩沉——几何作图专题卷(上)	2009—06	48.00	49
世界著名平面几何经典著作钩沉——几何作图专题卷(下)	2011—01	88.00	80
世界著名平面几何经典著作钩沉(民国平面几何老课本)	2011—03	38.00	113
世界著名平面几何经典著作钩沉(建国初期平面三角老课本)	2015—08	38.00	507
世界著名解析几何经典著作钩沉——平面解析几何卷	2014—01	38.00	264
世界著名数论经典著作钩沉(算术卷)	2012—01	28.00	125
世界著名数学经典著作钩沉——立体几何卷	2011—02	28.00	88
世界著名三角学经典著作钩沉(平面三角卷Ⅰ)	2010—06	28.00	69
世界著名三角学经典著作钩沉(平面三角卷Ⅱ)	2011—01	38.00	78
世界著名初等数论经典著作钩沉(理论和实用算术卷)	2011—07	38.00	126
发展你的空间想象力	2017—06	38.00	785
走向国际数学奥林匹克的平面几何试题诠释(上、下)(第1版)	2007—01	68.00	11,12
走向国际数学奥林匹克的平面几何试题诠释(上、下)(第2版)	2010—02	98.00	63,64
平面几何证明方法全书	2007—08	35.00	1
平面几何证明方法全书习题解答(第1版)	2005—10	18.00	2
平面几何证明方法全书习题解答(第2版)	2006—12	18.00	10
平面几何天天练上卷·基础篇(直线型)	2013—01	58.00	208
平面几何天天练中卷·基础篇(涉及圆)	2013—01	28.00	234
平面几何天天练下卷·提高篇	2013—01	58.00	237
平面几何专题研究	2013—07	98.00	258
最新世界各国数学奥林匹克中的平面几何试题	2007—09	38.00	14
数学竞赛平面几何典型题及新颖解	2010—07	48.00	74
初等数学复习及研究(平面几何)	2008—09	58.00	38
初等数学复习及研究(立体几何)	2010—06	38.00	71
初等数学复习及研究(平面几何)习题解答	2009—01	48.00	42
几何学教程(平面几何卷)	2011—03	68.00	90
几何学教程(立体几何卷)	2011—07	68.00	130
几何变换与几何证题	2010—06	88.00	70
计算方法与几何证题	2011—06	28.00	129
立体几何技巧与方法	2014—04	88.00	293
几何瑰宝——平面几何500名题暨1000条定理(上、下)	2010—07	138.00	76,77
三角形的解法与应用	2012—07	18.00	183
近代的三角形几何学	2012—07	48.00	184
一般折线几何学	2015—08	48.00	503
三角形的五心	2009—06	28.00	51
三角形的六心及其应用	2015—10	68.00	542
三角形趣谈	2012—08	28.00	212
解三角形	2014—01	28.00	265
三角学专门教程	2014—09	28.00	387
距离几何分析导引	2015—02	68.00	446
图天下几何新题试卷.初中	2017—01	58.00	714

哈尔滨工业大学出版社刘培杰数学工作室
已出版(即将出版)图书目录

书　名	出版时间	定　价	编号
圆锥曲线习题集(上册)	2013—06	68.00	255
圆锥曲线习题集(中册)	2015—01	78.00	434
圆锥曲线习题集(下册·第1卷)	2016—10	78.00	683
论九点圆	2015—05	88.00	645
近代欧氏几何学	2012—03	48.00	162
罗巴切夫斯基几何学及几何基础概要	2012—07	28.00	188
罗巴切夫斯基几何学初步	2015—06	28.00	474
用三角、解析几何、复数、向量计算解数学竞赛几何题	2015—03	48.00	455
美国中学几何教程	2015—04	88.00	458
三线坐标与三角形特征点	2015—04	98.00	460
平面解析几何方法与研究(第1卷)	2015—05	18.00	471
平面解析几何方法与研究(第2卷)	2015—06	18.00	472
平面解析几何方法与研究(第3卷)	2015—07	18.00	473
解析几何研究	2015—01	38.00	425
解析几何学教程.上	2016—01	38.00	574
解析几何学教程.下	2016—01	38.00	575
几何学基础	2016—01	58.00	581
初等几何研究	2015—02	58.00	444
大学几何学	2017—01	78.00	688
关于曲面的一般研究	2016—11	48.00	690
十九和二十世纪欧氏几何学中的片段	2017—01	58.00	696
近世纯粹几何学初论	2017—01	58.00	711
拓扑学与几何学基础讲义	2017—04	58.00	756
物理学中的几何方法	2017—06	88.00	767
平面几何中考.高考.奥数一本通	2017—07	28.00	820
几何学简史	2017—08	28.00	833
俄罗斯平面几何问题集	2009—08	88.00	55
俄罗斯立体几何问题集	2014—03	58.00	283
俄罗斯几何大师——沙雷金论数学及其他	2014—01	48.00	271
来自俄罗斯的5000道几何习题及解答	2011—03	58.00	89
俄罗斯初等数学问题集	2012—05	38.00	177
俄罗斯函数问题集	2011—03	38.00	103
俄罗斯组合分析问题集	2011—01	48.00	79
俄罗斯初等数学万题选——三角卷	2012—11	38.00	222
俄罗斯初等数学万题选——代数卷	2013—08	68.00	225
俄罗斯初等数学万题选——几何卷	2014—01	68.00	226
463个俄罗斯几何老问题	2012—01	28.00	152
超越吉米多维奇.数列的极限	2009—11	48.00	58
超越普里瓦洛夫.留数卷	2015—01	28.00	437
超越普里瓦洛夫.无穷乘积与它对解析函数的应用卷	2015—05	28.00	477
超越普里瓦洛夫.积分卷	2015—06	18.00	481
超越普里瓦洛夫.基础知识卷	2015—06	28.00	482
超越普里瓦洛夫.数项级数卷	2015—07	38.00	489
初等数论难题集(第一卷)	2009—05	68.00	44
初等数论难题集(第二卷)(上、下)	2011—02	128.00	82,83
数论概貌	2011—03	18.00	93
代数数论(第二版)	2013—08	58.00	94
代数多项式	2014—06	38.00	289
初等数论的知识与问题	2011—02	28.00	95
超越数论基础	2011—03	28.00	96
数论初等教程	2011—03	28.00	97
数论基础	2011—03	18.00	98
数论基础与维诺格拉多夫	2014—03	18.00	292

哈尔滨工业大学出版社刘培杰数学工作室
已出版(即将出版)图书目录

书　名	出版时间	定　价	编号
解析数论基础	2012—08	28.00	216
解析数论基础(第二版)	2014—01	48.00	287
解析数论问题集(第二版)(原版引进)	2014—05	88.00	343
解析数论问题集(第二版)(中译本)	2016—04	88.00	607
解析数论基础(潘承洞,潘承彪著)	2016—07	98.00	673
解析数论导引	2016—07	58.00	674
数论入门	2011—03	38.00	99
代数数论入门	2015—03	38.00	448
数论开篇	2012—07	28.00	194
解析数论引论	2011—03	48.00	100
Barban Davenport Halberstam 均值和	2009—01	40.00	33
基础数论	2011—03	28.00	101
初等数论100例	2011—05	18.00	122
初等数论经典例题	2012—07	18.00	204
最新世界各国数学奥林匹克中的初等数论试题(上、下)	2012—01	138.00	144,145
初等数论(Ⅰ)	2012—01	18.00	156
初等数论(Ⅱ)	2012—01	18.00	157
初等数论(Ⅲ)	2012—01	28.00	158
平面几何与数论中未解决的新老问题	2013—01	68.00	229
代数数论简史	2014—11	28.00	408
代数数论	2015—09	88.00	532
代数、数论及分析习题集	2016—11	98.00	695
数论导引提要及习题解答	2016—01	48.00	559
素数定理的初等证明. 第2版	2016—09	48.00	686
谈谈素数	2011—03	18.00	91
平方和	2011—03	18.00	92
复变函数引论	2013—10	68.00	269
伸缩变换与抛物旋转	2015—01	38.00	449
无穷分析引论(上)	2013—04	88.00	247
无穷分析引论(下)	2013—04	98.00	245
数学分析	2014—04	28.00	338
数学分析中的一个新方法及其应用	2013—01	38.00	231
数学分析例选:通过范例学技巧	2013—01	88.00	243
高等代数例选:通过范例学技巧	2015—06	88.00	475
三角级数论(上册)(陈建功)	2013—01	38.00	232
三角级数论(下册)(陈建功)	2013—01	48.00	233
三角级数论(哈代)	2013—06	48.00	254
三角级数	2015—07	28.00	263
超越数	2011—03	18.00	109
三角和方法	2011—03	18.00	112
整数论	2011—05	38.00	120
从整数谈起	2015—10	28.00	538
随机过程(Ⅰ)	2014—01	78.00	224
随机过程(Ⅱ)	2014—01	68.00	235
算术探索	2011—12	158.00	148
组合数学	2012—04	28.00	178
组合数学浅谈	2012—03	28.00	159
丢番图方程引论	2012—03	48.00	172
拉普拉斯变换及其应用	2015—02	38.00	447
高等代数. 上	2016—01	38.00	548
高等代数. 下	2016—01	38.00	549

哈尔滨工业大学出版社刘培杰数学工作室
已出版(即将出版)图书目录

书　　名	出版时间	定　价	编号
高等代数教程	2016—01	58.00	579
数学解析教程.上卷.1	2016—01	58.00	546
数学解析教程.上卷.2	2016—01	38.00	553
数学解析教程.下卷.1	2017—04	48.00	781
数学解析教程.下卷.2	2017—06	48.00	782
函数构造论.上	2016—01	38.00	554
函数构造论.中	2017—06	48.00	555
函数构造论.下	2016—09	48.00	680
数与多项式	2016—01	38.00	558
概周期函数	2016—01	48.00	572
变叙的项的极限分布律	2016—01	18.00	573
整函数	2012—08	18.00	161
近代拓扑学研究	2013—04	38.00	239
多项式和无理数	2008—01	68.00	22
模糊数据统计学	2008—03	48.00	31
模糊分析学与特殊泛函空间	2013—01	68.00	241
谈谈不定方程	2011—05	28.00	119
常微分方程	2016—01	58.00	586
平稳随机函数导论	2016—03	48.00	587
量子力学原理·上	2016—01	38.00	588
图与矩阵	2014—08	40.00	644
钢丝绳原理:第二版	2017—01	78.00	745
代数拓扑和微分拓扑简史	2017—06	68.00	791
受控理论与解析不等式	2012—05	78.00	165
解析不等式新论	2009—06	68.00	48
建立不等式的方法	2011—03	98.00	104
数学奥林匹克不等式研究	2009—08	68.00	56
不等式研究(第二辑)	2012—02	68.00	153
不等式的秘密(第一卷)	2012—02	28.00	154
不等式的秘密(第一卷)(第2版)	2014—02	38.00	286
不等式的秘密(第二卷)	2014—01	38.00	268
初等不等式的证明方法	2010—06	38.00	123
初等不等式的证明方法(第二版)	2014—11	38.00	407
不等式·理论·方法(基础卷)	2015—07	38.00	496
不等式·理论·方法(经典不等式卷)	2015—07	38.00	497
不等式·理论·方法(特殊类型不等式卷)	2015—07	48.00	498
不等式的分拆降维降幂方法与可读证明	2016—01	68.00	591
不等式探究	2016—03	38.00	582
不等式探秘	2017—01	88.00	689
四面体不等式	2017—01	68.00	715
同余理论	2012—05	38.00	163
[x]与{x}	2015—04	48.00	476
极值与最值.上卷	2015—06	28.00	486
极值与最值.中卷	2015—06	38.00	487
极值与最值.下卷	2015—06	28.00	488
整数的性质	2012—11	38.00	192
完全平方数及其应用	2015—08	78.00	506
多项式理论	2015—10	88.00	541

哈尔滨工业大学出版社刘培杰数学工作室
已出版(即将出版)图书目录

书　名	出版时间	定　价	编号
历届美国中学生数学竞赛试题及解答(第一卷)1950—1954	2014—07	18.00	277
历届美国中学生数学竞赛试题及解答(第二卷)1955—1959	2014—04	18.00	278
历届美国中学生数学竞赛试题及解答(第三卷)1960—1964	2014—06	18.00	279
历届美国中学生数学竞赛试题及解答(第四卷)1965—1969	2014—04	28.00	280
历届美国中学生数学竞赛试题及解答(第五卷)1970—1972	2014—06	18.00	281
历届美国中学生数学竞赛试题及解答(第六卷)1973—1980	2017—07	18.00	768
历届美国中学生数学竞赛试题及解答(第七卷)1981—1986	2015—01	18.00	424
历届美国中学生数学竞赛试题及解答(第八卷)1987—1990	2017—05	18.00	769
历届 IMO 试题集(1959—2005)	2006—05	58.00	5
历届 CMO 试题集	2008—09	28.00	40
历届中国数学奥林匹克试题集(第2版)	2017—03	38.00	757
历届加拿大数学奥林匹克试题集	2012—08	38.00	215
历届美国数学奥林匹克试题集:多解推广加强	2012—08	38.00	209
历届美国数学奥林匹克试题集:多解推广加强(第2版)	2016—03	48.00	592
历届波兰数学竞赛试题集.第1卷,1949～1963	2015—03	18.00	453
历届波兰数学竞赛试题集.第2卷,1964～1976	2015—03	18.00	454
历届巴尔干数学奥林匹克试题集	2015—05	38.00	466
保加利亚数学奥林匹克	2014—10	38.00	393
圣彼得堡数学奥林匹克试题集	2015—01	38.00	429
匈牙利奥林匹克数学竞赛题解.第1卷	2016—05	28.00	593
匈牙利奥林匹克数学竞赛题解.第2卷	2016—05	28.00	594
超越普特南试题:大学数学竞赛中的方法与技巧	2017—04	98.00	758
历届国际大学生数学竞赛试题集(1994—2010)	2012—01	28.00	143
全国大学生数学夏令营数学竞赛试题及解答	2007—03	28.00	15
全国大学生数学竞赛辅导教程	2012—07	28.00	189
全国大学生数学竞赛复习全书(第2版)	2017—05	58.00	787
历届美国数学奥林匹克试题集	2009—03	88.00	43
前苏联大学生数学奥林匹克竞赛题解(上编)	2012—04	28.00	169
前苏联大学生数学奥林匹克竞赛题解(下编)	2012—04	38.00	170
历届美国数学邀请赛试题集	2014—01	48.00	270
全国高中数学竞赛试题及解答.第1卷	2014—07	38.00	331
大学生数学竞赛讲义	2014—09	28.00	371
普林斯顿大学数学竞赛	2016—06	38.00	669
亚太地区奥林匹克数学竞赛题	2015—07	18.00	492
日本历届(初级)广中杯数学竞赛试题及解答.第1卷(2000～2007)	2016—05	28.00	641
日本历届(初级)广中杯数学竞赛试题及解答.第2卷(2008～2015)	2016—05	38.00	642
360个数学竞赛问题	2016—08	58.00	677
奥数最佳实战题.上卷	2017—06	38.00	760
奥数最佳实战题.下卷	2017—05	58.00	761
哈尔滨市早期中学数学竞赛试题汇编	2016—07	28.00	672
全国高中数学联赛试题及解答:1981—2015	2016—08	98.00	676
20世纪50年代全国部分城市数学竞赛试题汇编	2017—07	28.00	797
高考数学临门一脚(含密押三套卷)(理科版)	2017—01	45.00	743
高考数学临门一脚(含密押三套卷)(文科版)	2017—01	45.00	744
新课标高考数学题型全归纳(文科版)	2015—05	72.00	467
新课标高考数学题型全归纳(理科版)	2015—05	82.00	468
洞穿高考数学解答题核心考点(理科版)	2015—11	49.80	550
洞穿高考数学解答题核心考点(文科版)	2015—11	46.80	551
高考数学题型全归纳.文科版.上	2016—05	53.00	663
高考数学题型全归纳.文科版.下	2016—05	53.00	664
高考数学题型全归纳.理科版.上	2016—05	58.00	665
高考数学题型全归纳.理科版.下	2016—05	58.00	666

哈尔滨工业大学出版社刘培杰数学工作室
已出版(即将出版)图书目录

书　名	出版时间	定　价	编号
王连笑教你怎样学数学:高考选择题解题策略与客观题实用训练	2014—01	48.00	262
王连笑教你怎样学数学:高考数学高层次讲座	2015—02	48.00	432
高考数学的理论与实践	2009—08	38.00	53
高考数学核心题型解题方法与技巧	2010—01	28.00	86
高考思维新平台	2014—03	38.00	259
30 分钟拿下高考数学选择题、填空题(理科版)	2016—10	39.80	720
30 分钟拿下高考数学选择题、填空题(文科版)	2016—10	39.80	721
高考数学压轴题解题诀窍(上)	2012—02	78.00	166
高考数学压轴题解题诀窍(下)	2012—03	28.00	167
北京市五区文科数学三年高考模拟题详解:2013～2015	2015—08	48.00	500
北京市五区理科数学三年高考模拟题详解:2013～2015	2015—09	68.00	505
向量法巧解数学高考题	2009—08	28.00	54
高考数学万能解题法(第 2 版)	即将出版	38.00	691
高考物理万能解题法(第 2 版)	即将出版	38.00	692
高考化学万能解题法(第 2 版)	即将出版	28.00	693
高考生物万能解题法(第 2 版)	即将出版	28.00	694
高考数学解题金典(第 2 版)	2017—01	78.00	716
高考物理解题金典(第 2 版)	即将出版	68.00	717
高考化学解题金典(第 2 版)	即将出版	58.00	718
我一定要赚分:高中物理	2016—01	38.00	580
数学高考参考	2016—01	78.00	589
2011～2015 年全国及各省市高考数学文科精品试题审题要津与解法研究	2015—10	68.00	539
2011～2015 年全国及各省市高考数学理科精品试题审题要津与解法研究	2015—10	88.00	540
最新全国及各省市高考数学试卷解法研究及点拨评析	2009—02	38.00	41
2011 年全国及各省市高考数学试题审题要津与解法研究	2011—10	48.00	139
2013 年全国及各省市高考数学试题解析与点评	2014—01	48.00	282
全国各省市高考数学试题审题要津与解法研究	2015—02	48.00	450
新课标高考数学——五年试题分章详ään(2007～2011)(上、下)	2011—10	78.00	140,141
全国中考数学压轴题审题要津与解法研究	2013—04	78.00	248
新编全国及各省市中考数学压轴题审题要津与解法研究	2014—05	58.00	342
全国及各省市 5 年中考数学压轴题审题要津与解法研究(2015 版)	2015—04	58.00	462
中考数学专题总复习	2007—04	28.00	6
中考数学较难题、难题常考题型解题方法与技巧.上	2016—01	48.00	584
中考数学较难题、难题常考题型解题方法与技巧.下	2016—01	58.00	585
中考数学较难题常考题型解题方法与技巧	2016—09	48.00	681
中考数学难题常考题型解题方法与技巧	2016—09	48.00	682
中考数学选择填空压轴好题妙解 365	2017—05	38.00	759
中考数学小压轴汇编初讲	2017—07	48.00	788
北京中考数学压轴题解题方法突破(第 2 版)	2017—03	48.00	753
助你高考成功的数学解题智慧:知识是智慧的基础	2016—01	58.00	596
助你高考成功的数学解题智慧:错误是智慧的试金石	2016—04	58.00	643
助你高考成功的数学解题智慧:方法是智慧的推手	2016—04	68.00	657
高考数学奇思妙解	2016—04	38.00	610
高考数学解题策略	2016—05	48.00	670
数学解题泄天机	2016—06	48.00	668
高考物理压轴题全解	2017—04	48.00	746
高中物理经典问题 25 讲	2017—05	28.00	764
2016 年高考文科数学真题研究	2017—04	58.00	754
2016 年高考理科数学真题研究	2017—04	78.00	755
初中数学、高中数学脱节知识补缺教材	2017—06	48.00	766
赢在小题	2017—08	48.00	834

哈尔滨工业大学出版社刘培杰数学工作室
已出版(即将出版)图书目录

书　名	出版时间	定　价	编号
新编 640 个世界著名数学智力趣题	2014—01	88.00	242
500 个最新世界著名数学智力趣题	2008—06	48.00	3
400 个最新世界著名数学最值问题	2008—09	48.00	36
500 个世界著名数学征解问题	2009—06	48.00	52
400 个中国最佳初等数学征解老问题	2010—01	48.00	60
500 个俄罗斯数学经典老题	2011—01	28.00	81
1000 个国外中学物理好题	2012—04	48.00	174
300 个日本高考数学题	2012—05	38.00	142
700 个早期日本高考数学试题	2017—02	88.00	752
500 个前苏联早期高考数学试题及解答	2012—05	28.00	185
546 个早期俄罗斯大学生数学竞赛题	2014—03	38.00	285
548 个来自美苏的数学好问题	2014—11	28.00	396
20 所苏联著名大学早期入学试题	2015—02	18.00	452
161 道德国工科大学生必做的微分方程习题	2015—05	28.00	469
500 个德国工科大学生必做的高数习题	2015—06	28.00	478
360 个数学竞赛问题	2016—08	58.00	677
德国讲义日本考题.微积分卷	2015—04	48.00	456
德国讲义日本考题.微分方程卷	2015—04	38.00	457
二十世纪中叶中、英、美、日、法、俄高考数学试题精选	2017—06	38.00	783
中国初等数学研究　2009 卷(第 1 辑)	2009—05	20.00	45
中国初等数学研究　2010 卷(第 2 辑)	2010—05	30.00	68
中国初等数学研究　2011 卷(第 3 辑)	2011—07	60.00	127
中国初等数学研究　2012 卷(第 4 辑)	2012—07	48.00	190
中国初等数学研究　2014 卷(第 5 辑)	2014—02	48.00	288
中国初等数学研究　2015 卷(第 6 辑)	2015—06	68.00	493
中国初等数学研究　2016 卷(第 7 辑)	2016—04	68.00	609
中国初等数学研究　2017 卷(第 8 辑)	2017—01	98.00	712
几何变换(Ⅰ)	2014—07	28.00	353
几何变换(Ⅱ)	2015—06	28.00	354
几何变换(Ⅲ)	2015—01	38.00	355
几何变换(Ⅳ)	2015—12	38.00	356
博弈论精粹	2008—03	58.00	30
博弈论精粹.第二版(精装)	2015—01	88.00	461
数学 我爱你	2008—01	28.00	20
精神的圣徒　别样的人生——60 位中国数学家成长的历程	2008—09	48.00	39
数学史概论	2009—06	78.00	50
数学史概论(精装)	2013—03	158.00	272
数学史选讲	2016—01	48.00	544
斐波那契数列	2010—02	28.00	65
数学拼盘和斐波那契魔方	2010—07	38.00	72
斐波那契数列欣赏	2011—01	28.00	160
数学的创造	2011—02	48.00	85
数学美与创造力	2016—01	48.00	595
数海拾贝	2016—01	48.00	590
数学中的美	2011—02	38.00	84
数论中的美学	2014—12	38.00	351
数学王者　科学巨人——高斯	2015—01	28.00	428
振兴祖国数学的圆梦之旅:中国初等数学研究史话	2015—06	98.00	490
二十世纪中国数学史料研究	2015—10	48.00	536
数字谜、数阵图与棋盘覆盖	2016—01	58.00	298
时间的形状	2016—01	38.00	556
数学发现的艺术:数学探索中的合情推理	2016—07	58.00	671
活跃在数学中的参数	2016—07	48.00	675

哈尔滨工业大学出版社刘培杰数学工作室
已出版(即将出版)图书目录

书　名	出版时间	定　价	编号
数学解题——靠数学思想给力(上)	2011—07	38.00	131
数学解题——靠数学思想给力(中)	2011—07	48.00	132
数学解题——靠数学思想给力(下)	2011—07	38.00	133
我怎样解题	2013—01	48.00	227
数学解题中的物理方法	2011—06	28.00	114
数学解题的特殊方法	2011—06	48.00	115
中学数学计算技巧	2012—01	48.00	116
中学数学证明方法	2012—01	58.00	117
数学趣题巧解	2012—03	28.00	128
高中数学教学通鉴	2015—05	58.00	479
和高中生漫谈:数学与哲学的故事	2014—08	28.00	369
算术问题集	2017—03	38.00	789
自主招生考试中的参数方程问题	2015—01	28.00	435
自主招生考试中的极坐标问题	2015—01	28.00	463
近年全国重点大学自主招生数学试题全解及研究.华约卷	2015—02	38.00	441
近年全国重点大学自主招生数学试题全解及研究.北约卷	2016—05	38.00	619
自主招生数学解证宝典	2015—09	48.00	535
格点和面积	2012—07	18.00	191
射影几何趣谈	2012—04	28.00	175
斯潘纳尔引理——从一道加拿大数学奥林匹克试题谈起	2014—01	28.00	228
李普希兹条件——从几道近年高考数学试题谈起	2012—10	18.00	221
拉格朗日中值定理——从一道北京高考试题的解法谈起	2015—10	18.00	197
闵科夫斯基定理——从一道清华大学自主招生试题谈起	2014—01	28.00	198
哈尔测度——从一道冬令营试题的背景谈起	2012—08	28.00	202
切比雪夫逼近问题——从一道中国台北数学奥林匹克试题谈起	2013—04	38.00	238
伯恩斯坦多项式与贝齐尔曲面——从一道全国高中数学联赛试题谈起	2013—03	38.00	236
卡塔兰猜想——从一道普特南竞赛试题谈起	2013—06	18.00	256
麦卡锡函数和阿克曼函数——从一道前南斯拉夫数学奥林匹克试题谈起	2012—08	18.00	201
贝蒂定理与拉姆贝克莫斯尔定理——从一个拣石子游戏谈起	2012—08	18.00	217
皮亚诺曲线和豪斯道夫分球定理——从无限集谈起	2012—08	18.00	211
平面凸图形与凸多面体	2012—10	18.00	218
斯坦因豪斯问题——从一道二十五省市自治区中学数学竞赛试题谈起	2012—07	18.00	196
纽结理论中的亚历山大多项式与琼斯多项式——从一道北京市高一数学竞赛试题谈起	2012—07	28.00	195
原则与策略——从波利亚"解题表"谈起	2013—04	38.00	244
转化与化归——从三大尺规作图不能问题谈起	2012—08	28.00	214
代数几何中的贝祖定理(第一版)——从一道IMO试题的解法谈起	2013—08	18.00	193
成功连贯理论与约当块理论——从一道比利时数学竞赛试题谈起	2012—04	18.00	180
素数判定与大数分解	2014—08	18.00	199
置换多项式及其应用	2012—10	18.00	220
椭圆函数与模函数——从一道美国加州大学洛杉矶分校(UCLA)博士资格考题谈起	2012—10	28.00	219
差分方程的拉格朗日方法——从一道2011年全国高考理科试题的解法谈起	2012—08	28.00	200

哈尔滨工业大学出版社刘培杰数学工作室
已出版（即将出版）图书目录

书　名	出版时间	定价	编号
力学在几何中的一些应用	2013—01	38.00	240
高斯散度定理、斯托克斯定理和平面格林定理——从一道国际大学生数学竞赛试题谈起	即将出版		
康托洛维奇不等式	2013—03	28.00	337
西格尔引理——从一道第18届IMO试题的解法谈起	即将出版		
罗斯定理——从一道前苏联数学竞赛试题谈起	即将出版		
拉克斯定理和阿廷定理——从一道IMO试题的解法谈起	2014—01	58.00	246
毕卡大定理——从一道美国大学数学竞赛试题谈起	2014—07	18.00	350
贝齐尔曲线——从一道全国高中联赛试题谈起	即将出版		
拉格朗日乘子定理——从一道2005年全国高中联赛试题的高等数学解法谈起	2015—05	28.00	480
雅可比定理——从一道日本数学奥林匹克试题谈起	2013—04	48.00	249
李天岩—约克定理——从一道波兰数学竞赛试题谈起	2014—06	28.00	349
整系数多项式因式分解的一般方法——从克朗耐克算法谈起	即将出版		
布劳维不动点定理——从一道前苏联数学奥林匹克试题谈起	2014—01	38.00	273
伯恩赛德定理——从一道英国数学奥林匹克试题谈起	即将出版		
布查特—莫斯特定理——从一道上海市初中竞赛试题谈起	即将出版		
数论中的同余数问题——从一道普特南竞赛试题谈起	即将出版		
范·德蒙行列式——从一道美国数学奥林匹克试题谈起	即将出版		
中国剩余定理：总数法构建中国历史年表	2015—01	28.00	430
牛顿程序与方程求根——从一道全国高考试题解法谈起	即将出版		
库默尔定理——从一道IMO预选试题谈起	即将出版		
卢丁定理——从一道冬令营试题的解法谈起	即将出版		
沃斯滕霍姆定理——从一道IMO预选试题谈起	即将出版		
卡尔松不等式——从一道莫斯科数学奥林匹克试题谈起	即将出版		
信息论中的香农熵——从一道近年高考压轴题谈起	即将出版		
约当不等式——从一道希望杯竞赛试题谈起	即将出版		
拉比诺维奇定理	即将出版		
刘维尔定理——从一道《美国数学月刊》征解问题的解法谈起	即将出版		
卡塔兰恒等式与级数求和——从一道IMO试题的解法谈起	即将出版		
勒让德猜想与素数分布——从一道爱尔兰竞赛试题谈起	即将出版		
天平称重与信息论——从一道基辅数学奥林匹克试题谈起	即将出版		
哈密尔顿—凯莱定理：从一道高中数学联赛试题的解法谈起	2014—09	18.00	376
艾思特曼定理——从一道CMO试题的解法谈起	即将出版		
一个爱尔特希问题——从一道西德数学奥林匹克试题谈起	即将出版		
有限群中的爱丁格尔问题——从一道北京市初中二年级数学竞赛试题谈起	即将出版		
贝克码与编码理论——从一道全国高中联赛试题谈起	即将出版		
帕斯卡三角形	2014—03	18.00	294
蒲丰投针问题——从2009年清华大学的一道自主招生试题谈起	2014—01	38.00	295
斯图姆定理——从一道"华约"自主招生试题的解法谈起	2014—01	18.00	296
许瓦兹引理——从一道加利福尼亚大学伯克利分校数学系博士生试题谈起	2014—08	18.00	297
拉姆塞定理——从王诗宬院士的一个问题谈起	2016—04	48.00	299
坐标法	2013—12	28.00	332
数论三角形	2014—04	38.00	341
毕克定理	2014—07	18.00	352
数林掠影	2014—09	48.00	389
我们周围的概率	2014—10	38.00	390
凸函数最值定理：从一道华约自主招生题的解法谈起	2014—10	28.00	391
易学与数学奥林匹克	2014—10	38.00	392

哈尔滨工业大学出版社刘培杰数学工作室
已出版（即将出版）图书目录

书　名	出版时间	定　价	编号
生物数学趣谈	2015—01	18.00	409
反演	2015—01	28.00	420
因式分解与圆锥曲线	2015—01	18.00	426
轨迹	2015—01	28.00	427
面积原理：从常庚哲命的一道 CMO 试题的积分解法谈起	2015—01	48.00	431
形形色色的不动点定理：从一道 28 届 IMO 试题谈起	2015—01	38.00	439
柯西函数方程：从一道上海交大自主招生的试题谈起	2015—02	28.00	440
三角恒等式	2015—02	28.00	442
无理性判定：从一道 2014 年"北约"自主招生试题谈起	2015—01	38.00	443
数学归纳法	2015—03	18.00	451
极端原理与解题	2015—04	28.00	464
法雷级数	2014—08	18.00	367
摆线族	2015—01	38.00	438
函数方程及其解法	2015—05	38.00	470
含参数的方程和不等式	2012—09	28.00	213
希尔伯特第十问题	2016—01	38.00	543
无穷小量的求和	2016—01	28.00	545
切比雪夫多项式：从一道清华大学金秋营试题谈起	2016—01	38.00	583
泽肯多夫定理	2016—03	38.00	599
代数等式证题法	2016—01	28.00	600
三角等式证题法	2016—01	28.00	601
吴大任教授藏书中的一个因式分解公式：从一道美国数学邀请赛试题的解法谈起	2016—06	28.00	656
中等数学英语阅读文选	2006—12	38.00	13
统计学专业英语	2007—03	28.00	16
统计学专业英语（第二版）	2012—07	48.00	176
统计学专业英语（第三版）	2015—04	68.00	465
幻方和魔方（第一卷）	2012—05	68.00	173
尘封的经典——初等数学经典文献选读（第一卷）	2012—07	48.00	205
尘封的经典——初等数学经典文献选读（第二卷）	2012—07	38.00	206
代换分析：英文	2015—07	38.00	499
实变函数论	2012—06	78.00	181
复变函数论	2015—08	38.00	504
非光滑优化及其变分分析	2014—01	48.00	230
疏散的马尔科夫链	2014—01	58.00	266
马尔科夫过程论基础	2015—01	28.00	433
初等微分拓扑学	2012—07	18.00	182
方程式论	2011—03	38.00	105
初级方程式论	2011—03	28.00	106
Galois 理论	2011—03	18.00	107
古典数学难题与伽罗瓦理论	2012—11	58.00	223
伽罗华与群论	2014—01	28.00	290
代数方程的根式解及伽罗瓦理论	2011—03	28.00	108
代数方程的根式解及伽罗瓦理论（第二版）	2015—01	28.00	423
线性偏微分方程讲义	2011—03	18.00	110
几类微分方程数值方法的研究	2015—05	38.00	485
N 体问题的周期解	2011—03	28.00	111
代数方程式论	2011—05	18.00	121
线性代数与几何：英文	2016—06	58.00	578
动力系统的不变量与函数方程	2011—07	48.00	137
基于短语评价的翻译知识获取	2012—02	48.00	168
应用随机过程	2012—04	48.00	187
概率论导引	2012—04	18.00	179

哈尔滨工业大学出版社刘培杰数学工作室
已出版(即将出版)图书目录

书　名	出版时间	定　价	编号
矩阵论(上)	2013—06	58.00	250
矩阵论(下)	2013—06	48.00	251
对称锥互补问题的内点法:理论分析与算法实现	2014—08	68.00	368
抽象代数:方法导引	2013—06	38.00	257
集论	2016—01	48.00	576
多项式理论研究综述	2016—01	38.00	577
函数论	2014—11	78.00	395
反问题的计算方法及应用	2011—11	28.00	147
初等数学研究(Ⅰ)	2008—09	68.00	37
初等数学研究(Ⅱ)(上、下)	2009—05	118.00	46,47
数阵及其应用	2012—02	28.00	164
绝对值方程—折边与组合图形的解析研究	2012—07	48.00	186
代数函数论(上)	2015—07	38.00	494
代数函数论(下)	2015—07	38.00	495
偏微分方程论:法文	2015—10	48.00	533
时标动力学方程的指数型二分性与周期解	2016—04	48.00	606
重刚体绕不动点运动方程的积分法	2016—05	68.00	608
水轮机水力稳定性	2016—05	48.00	620
Lévy噪音驱动的传染病模型的动力学行为	2016—05	48.00	667
铣加工动力学系统稳定性研究的数学方法	2016—11	28.00	710
时滞系统:Lyapunov泛函和矩阵	2017—05	68.00	784
粒子图像测速仪实用指南:第二版	2017—08	78.00	790
数域的上同调	2017—08	98.00	799
趣味初等方程妙题集锦	2014—09	48.00	388
趣味初等数论选美与欣赏	2015—02	48.00	445
耕读笔记(上卷):一位农民数学爱好者的初数探索	2015—04	28.00	459
耕读笔记(中卷):一位农民数学爱好者的初数探索	2015—05	28.00	483
耕读笔记(下卷):一位农民数学爱好者的初数探索	2015—05	28.00	484
几何不等式研究与欣赏.上卷	2016—01	88.00	547
几何不等式研究与欣赏.下卷	2016—01	48.00	552
初等数列研究与欣赏・上	2016—01	48.00	570
初等数列研究与欣赏・下	2016—01	48.00	571
趣味初等函数研究与欣赏.上	2016—09	48.00	684
趣味初等函数研究与欣赏.下	即将出版		685
火柴游戏	2016—05	38.00	612
智力解谜.第1卷	2017—07	38.00	613
智力解谜.第2卷	2017—07	38.00	614
故事智力	2016—07	48.00	615
名人们喜欢的智力问题	即将出版		616
数学大师的发现、创造与失误	即将出版		617
异曲同工	即将出版		618
数学的味道	即将出版		798
数贝偶拾——高考数学题研究	2014—04	28.00	274
数贝偶拾——初等数学研究	2014—04	38.00	275
数贝偶拾——奥数题研究	2014—04	48.00	276
集合、函数与方程	2014—01	28.00	300
数列与不等式	2014—01	38.00	301
三角与平面向量	2014—01	28.00	302
平面解析几何	2014—01	38.00	303
立体几何与组合	2014—01	28.00	304
极限与导数、数学归纳法	2014—01	38.00	305
趣味数学	2014—03	28.00	306
教材教法	2014—04	68.00	307
自主招生	2014—05	58.00	308
高考压轴题(上)	2015—01	48.00	309
高考压轴题(下)	2014—10	68.00	310

哈尔滨工业大学出版社刘培杰数学工作室
已出版（即将出版）图书目录

书　名	出版时间	定　价	编号
从费马到怀尔斯——费马大定理的历史	2013—10	198.00	Ⅰ
从庞加莱到佩雷尔曼——庞加莱猜想的历史	2013—10	298.00	Ⅱ
从切比雪夫到爱尔特希（上）——素数定理的初等证明	2013—07	48.00	Ⅲ
从切比雪夫到爱尔特希（下）——素数定理100年	2012—12	98.00	Ⅲ
从高斯到盖尔方特——二次域的高斯猜想	2013—10	198.00	Ⅳ
从库默尔到朗兰兹——朗兰兹猜想的历史	2014—01	98.00	Ⅴ
从比勃巴赫到德布朗斯——比勃巴赫猜想的历史	2014—02	298.00	Ⅵ
从麦比乌斯到陈省身——麦比乌斯变换与麦比乌斯带	2014—02	298.00	Ⅶ
从布尔到豪斯道夫——布尔方程与格论漫谈	2013—10	198.00	Ⅷ
从开普勒到阿诺德——三体问题的历史	2014—05	298.00	Ⅸ
从华林到华罗庚——华林问题的历史	2013—10	298.00	Ⅹ
吴振奎高等数学解题真经（概率统计卷）	2012—01	38.00	149
吴振奎高等数学解题真经（微积分卷）	2012—01	68.00	150
吴振奎高等数学解题真经（线性代数卷）	2012—01	58.00	151
钱昌本教你快乐学数学（上）	2011—12	48.00	155
钱昌本教你快乐学数学（下）	2012—03	58.00	171
高等数学解题全攻略（上卷）	2013—06	58.00	252
高等数学解题全攻略（下卷）	2013—06	58.00	253
高等数学复习纲要	2014—01	18.00	384
三角函数	2014—01	38.00	311
不等式	2014—01	38.00	312
数列	2014—01	38.00	313
方程	2014—01	28.00	314
排列和组合	2014—01	28.00	315
极限与导数	2014—01	28.00	316
向量	2014—09	38.00	317
复数及其应用	2014—08	28.00	318
函数	2014—01	38.00	319
集合	即将出版		320
直线与平面	2014—01	28.00	321
立体几何	2014—04	28.00	322
解三角形	即将出版		323
直线与圆	2014—01	28.00	324
圆锥曲线	2014—01	38.00	325
解题通法（一）	2014—07	38.00	326
解题通法（二）	2014—07	38.00	327
解题通法（三）	2014—05	38.00	328
概率与统计	2014—01	28.00	329
信息迁移与算法	即将出版		330
方程（第2版）	2017—04	38.00	624
三角函数（第2版）	2017—04	38.00	626
向量（第2版）	即将出版		627
立体几何（第2版）	2016—04	38.00	629
直线与圆（第2版）	2016—11	38.00	631
圆锥曲线（第2版）	2016—09	48.00	632
极限与导数（第2版）	2016—04	38.00	635

哈尔滨工业大学出版社刘培杰数学工作室
已出版(即将出版)图书目录

书　名	出版时间	定价	编号
美国高中数学竞赛五十讲.第1卷(英文)	2014—08	28.00	357
美国高中数学竞赛五十讲.第2卷(英文)	2014—08	28.00	358
美国高中数学竞赛五十讲.第3卷(英文)	2014—09	28.00	359
美国高中数学竞赛五十讲.第4卷(英文)	2014—09	28.00	360
美国高中数学竞赛五十讲.第5卷(英文)	2014—10	28.00	361
美国高中数学竞赛五十讲.第6卷(英文)	2014—11	28.00	362
美国高中数学竞赛五十讲.第7卷(英文)	2014—12	28.00	363
美国高中数学竞赛五十讲.第8卷(英文)	2015—01	28.00	364
美国高中数学竞赛五十讲.第9卷(英文)	2015—01	28.00	365
美国高中数学竞赛五十讲.第10卷(英文)	2015—02	38.00	366
IMO 50年.第1卷(1959—1963)	2014—11	28.00	377
IMO 50年.第2卷(1964—1968)	2014—11	28.00	378
IMO 50年.第3卷(1969—1973)	2014—09	28.00	379
IMO 50年.第4卷(1974—1978)	2016—04	38.00	380
IMO 50年.第5卷(1979—1984)	2015—04	38.00	381
IMO 50年.第6卷(1985—1989)	2015—04	58.00	382
IMO 50年.第7卷(1990—1994)	2016—01	48.00	383
IMO 50年.第8卷(1995—1999)	2016—06	38.00	384
IMO 50年.第9卷(2000—2004)	2015—04	58.00	385
IMO 50年.第10卷(2005—2009)	2016—01	48.00	386
IMO 50年.第11卷(2010—2015)	2017—03	48.00	646
历届美国大学生数学竞赛试题集.第一卷(1938—1949)	2015—01	28.00	397
历届美国大学生数学竞赛试题集.第二卷(1950—1959)	2015—01	28.00	398
历届美国大学生数学竞赛试题集.第三卷(1960—1969)	2015—01	28.00	399
历届美国大学生数学竞赛试题集.第四卷(1970—1979)	2015—01	18.00	400
历届美国大学生数学竞赛试题集.第五卷(1980—1989)	2015—01	28.00	401
历届美国大学生数学竞赛试题集.第六卷(1990—1999)	2015—01	28.00	402
历届美国大学生数学竞赛试题集.第七卷(2000—2009)	2015—08	18.00	403
历届美国大学生数学竞赛试题集.第八卷(2010—2012)	2015—01	18.00	404
新课标高考数学创新题解题诀窍:总论	2014—09	28.00	372
新课标高考数学创新题解题诀窍:必修1~5分册	2014—08	38.00	373
新课标高考数学创新题解题诀窍:选修2—1,2—2,1—1,1—2分册	2014—09	38.00	374
新课标高考数学创新题解题诀窍:选修2—3,4—4,4—5分册	2014—09	18.00	375
全国重点大学自主招生英文数学试题全攻略:词汇卷	2015—07	48.00	410
全国重点大学自主招生英文数学试题全攻略:概念卷	2015—01	28.00	411
全国重点大学自主招生英文数学试题全攻略:文章选读卷(上)	2016—09	38.00	412
全国重点大学自主招生英文数学试题全攻略:文章选读卷(下)	2017—01	58.00	413
全国重点大学自主招生英文数学试题全攻略:试题卷	2015—07	38.00	414
全国重点大学自主招生英文数学试题全攻略:名著欣赏卷	2017—03	48.00	415
数学物理大百科全书.第1卷	2016—01	418.00	508
数学物理大百科全书.第2卷	2016—01	408.00	509
数学物理大百科全书.第3卷	2016—01	396.00	510
数学物理大百科全书.第4卷	2016—01	408.00	511
数学物理大百科全书.第5卷	2016—01	368.00	512

哈尔滨工业大学出版社刘培杰数学工作室
已出版（即将出版）图书目录

书　名	出版时间	定　价	编号
劳埃德数学趣题大全．题目卷．1：英文	2016—01	18.00	516
劳埃德数学趣题大全．题目卷．2：英文	2016—01	18.00	517
劳埃德数学趣题大全．题目卷．3：英文	2016—01	18.00	518
劳埃德数学趣题大全．题目卷．4：英文	2016—01	18.00	519
劳埃德数学趣题大全．题目卷．5：英文	2016—01	18.00	520
劳埃德数学趣题大全．答案卷：英文	2016—01	18.00	521
李成章教练奥数笔记．第1卷	2016—01	48.00	522
李成章教练奥数笔记．第2卷	2016—01	48.00	523
李成章教练奥数笔记．第3卷	2016—01	38.00	524
李成章教练奥数笔记．第4卷	2016—01	38.00	525
李成章教练奥数笔记．第5卷	2016—01	38.00	526
李成章教练奥数笔记．第6卷	2016—01	38.00	527
李成章教练奥数笔记．第7卷	2016—01	38.00	528
李成章教练奥数笔记．第8卷	2016—01	48.00	529
李成章教练奥数笔记．第9卷	2016—01	28.00	530
朱德祥代数与几何讲义．第1卷	2017—01	38.00	697
朱德祥代数与几何讲义．第2卷	2017—01	28.00	698
朱德祥代数与几何讲义．第3卷	2017—01	28.00	699
zeta函数，q-zeta函数，相伴级数与积分	2015—08	88.00	513
微分形式：理论与练习	2015—08	58.00	514
离散与微分包含的逼近和优化	2015—08	58.00	515
艾伦·图灵：他的工作与影响	2016—01	98.00	560
测度理论概率导论，第2版	2016—01	88.00	561
带有潜在故障恢复系统的半马尔柯夫模型控制	2016—01	98.00	562
数学分析原理	2016—01	88.00	563
随机偏微分方程的有效动力学	2016—01	88.00	564
图的谱半径	2016—01	58.00	565
量子机器学习中数据挖掘的量子计算方法	2016—01	98.00	566
量子物理的非常规方法	2016—01	118.00	567
运输过程的统一非局部理论：广义波尔兹曼物理动力学，第2版	2016—01	198.00	568
量子力学与经典力学之间的联系在原子、分子及电动力学系统建模中的应用	2016—01	58.00	569
算术域：第3版	2017—08	158.00	820
第19~23届"希望杯"全国数学邀请赛试题审题要津详细评注（初一版）	2014—03	28.00	333
第19~23届"希望杯"全国数学邀请赛试题审题要津详细评注（初二、初三版）	2014—03	38.00	334
第19~23届"希望杯"全国数学邀请赛试题审题要津详细评注（高一版）	2014—03	28.00	335
第19~23届"希望杯"全国数学邀请赛试题审题要津详细评注（高二版）	2014—03	38.00	336
第19~25届"希望杯"全国数学邀请赛试题审题要津详细评注（初一版）	2015—01	38.00	416
第19~25届"希望杯"全国数学邀请赛试题审题要津详细评注（初二、初三版）	2015—01	58.00	417
第19~25届"希望杯"全国数学邀请赛试题审题要津详细评注（高一版）	2015—01	48.00	418
第19~25届"希望杯"全国数学邀请赛试题审题要津详细评注（高二版）	2015—01	48.00	419
闵嗣鹤文集	2011—03	98.00	102
吴从炘数学活动三十年（1951~1980）	2010—07	99.00	32
吴从炘数学活动又三十年（1981~2010）	2015—07	98.00	491

哈尔滨工业大学出版社刘培杰数学工作室
已出版(即将出版)图书目录

书　名	出版时间	定　价	编号
物理奥林匹克竞赛大题典——力学卷	2014—11	48.00	405
物理奥林匹克竞赛大题典——热学卷	2014—04	28.00	339
物理奥林匹克竞赛大题典——电磁学卷	2015—07	48.00	406
物理奥林匹克竞赛大题典——光学与近代物理卷	2014—06	28.00	345
历届中国东南地区数学奥林匹克试题集(2004~2012)	2014—06	18.00	346
历届中国西部地区数学奥林匹克试题集(2001~2012)	2014—07	18.00	347
历届中国女子数学奥林匹克试题集(2002~2012)	2014—08	18.00	348
数学奥林匹克在中国	2014—06	98.00	344
数学奥林匹克问题集	2014—01	38.00	267
数学奥林匹克不等式散论	2010—06	38.00	124
数学奥林匹克不等式欣赏	2011—09	38.00	138
数学奥林匹克超级题库(初中卷上)	2010—01	58.00	66
数学奥林匹克不等式证明方法和技巧(上、下)	2011—08	158.00	134,135
他们学什么:原民主德国中学数学课本	2016—09	38.00	658
他们学什么:英国中学数学课本	2016—09	38.00	659
他们学什么:法国中学数学课本.1	2016—09	38.00	660
他们学什么:法国中学数学课本.2	2016—09	28.00	661
他们学什么:法国中学数学课本.3	2016—09	38.00	662
他们学什么:苏联中学数学课本	2016—09	28.00	679
高中数学题典——集合与简易逻·函数	2016—07	48.00	647
高中数学题典——导数	2016—07	48.00	648
高中数学题典——三角函数·平面向量	2016—07	48.00	649
高中数学题典——数列	2016—07	58.00	650
高中数学题典——不等式·推理与证明	2016—07	38.00	651
高中数学题典——立体几何	2016—07	48.00	652
高中数学题典——平面解析几何	2016—07	78.00	653
高中数学题典——计数原理·统计·概率·复数	2016—07	48.00	654
高中数学题典——算法·平面几何·初等数论·组合数学·其他	2016—07	68.00	655
台湾地区奥林匹克数学竞赛试题.小学一年级	2017—03	38.00	722
台湾地区奥林匹克数学竞赛试题.小学二年级	2017—03	38.00	723
台湾地区奥林匹克数学竞赛试题.小学三年级	2017—03	38.00	724
台湾地区奥林匹克数学竞赛试题.小学四年级	2017—03	38.00	725
台湾地区奥林匹克数学竞赛试题.小学五年级	2017—03	38.00	726
台湾地区奥林匹克数学竞赛试题.小学六年级	2017—03	38.00	727
台湾地区奥林匹克数学竞赛试题.初中一年级	2017—03	38.00	728
台湾地区奥林匹克数学竞赛试题.初中二年级	2017—03	38.00	729
台湾地区奥林匹克数学竞赛试题.初中三年级	2017—03	28.00	730
不等式证题法	2017—04	28.00	747
平面几何培优教程	即将出版		748
奥数鼎级培优教程.高一分册	即将出版		749
奥数鼎级培优教程.高二分册	即将出版		750
高中数学竞赛冲刺宝典	即将出版		751

哈尔滨工业大学出版社刘培杰数学工作室
已出版（即将出版）图书目录

书　名	出版时间	定　价	编号
斯米尔诺夫高等数学.第一卷	2017—02	88.00	770
斯米尔诺夫高等数学.第二卷.第一分册	即将出版		771
斯米尔诺夫高等数学.第二卷.第二分册	2017—02	68.00	772
斯米尔诺夫高等数学.第二卷.第三分册	即将出版		773
斯米尔诺夫高等数学.第三卷.第一分册	2017—06	48.00	774
斯米尔诺夫高等数学.第三卷.第二分册	2017—02	58.00	775
斯米尔诺夫高等数学.第三卷.第三分册	2017—02	68.00	776
斯米尔诺夫高等数学.第四卷.第一分册	2017—02	48.00	777
斯米尔诺夫高等数学.第四卷.第二分册	2017—02	88.00	778
斯米尔诺夫高等数学.第五卷.第一分册	2017—04	58.00	779
斯米尔诺夫高等数学.第五卷.第二分册	2017—02	68.00	780
初中尖子生数学超级题典.实数	2017—07	58.00	792
初中尖子生数学超级题典.式、方程与不等式	2017—08	58.00	793
初中尖子生数学超级题典.圆、面积	2017—08	38.00	794
初中尖子生数学超级题典.函数、逻辑推理	即将出版		795
初中尖子生数学超级题典.角、线段、三角形与多边形	2017—07	58.00	796

联系地址：哈尔滨市南岗区复华四道街10号　哈尔滨工业大学出版社刘培杰数学工作室
网　　址：http://lpj.hit.edu.cn/
邮　　编：150006
联系电话：0451—86281378　　13904613167
E-mail:lpj1378@163.com